行政管理
与智库建设研究

李源 刁晓辉 措毛太 ◎著

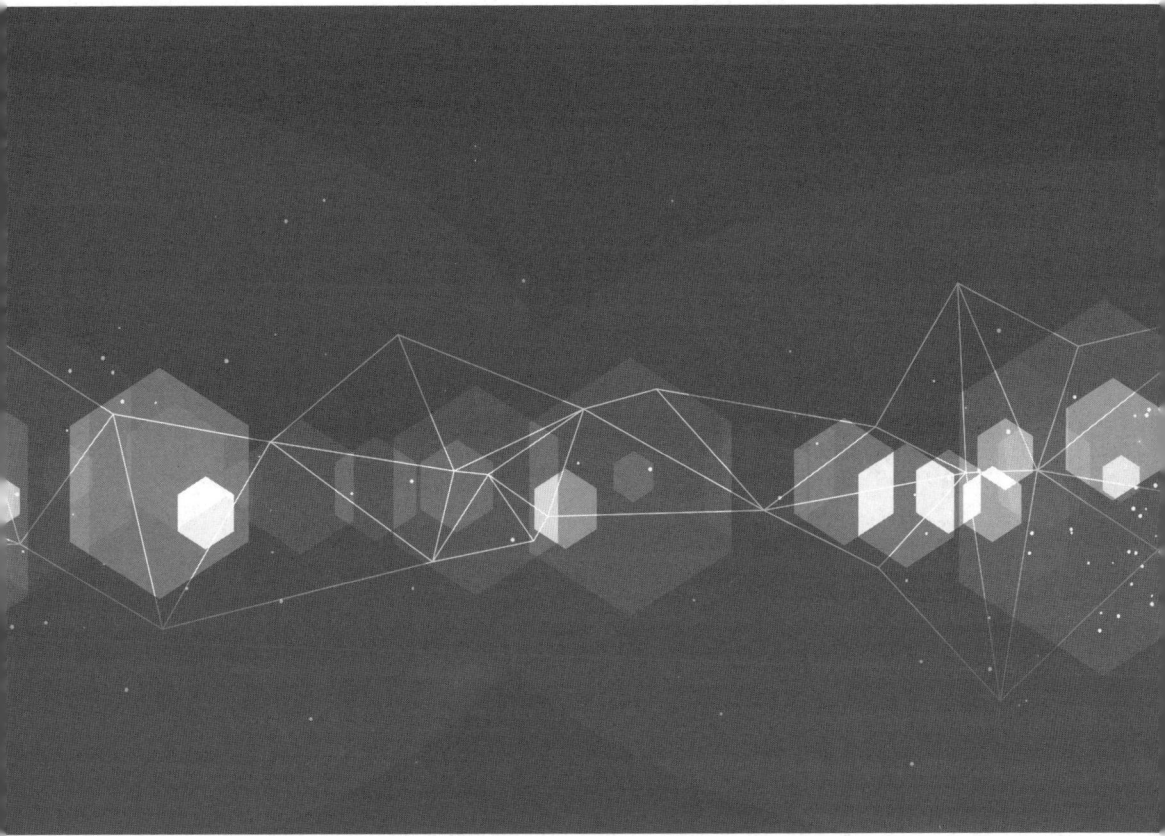

中国出版集团

中译出版社

图书在版编目（CIP）数据

行政管理与智库建设研究／李源，刁晓辉，措毛太
著. -- 北京：中译出版社，2024. 5. -- ISBN 978-7
-5001-7950-4

Ⅰ. D035

中国国家版本馆 CIP 数据核字第 2024PC3125 号

行政管理与智库建设研究

XINGZHENG GUANLI YU ZHIKU JIANSHE YANJIU

著　　者：李　源　刁晓辉　措毛太
策划编辑：于　宇
责任编辑：于　宇
文字编辑：田玉肖
营销编辑：马　萱　钟筏童
出版发行：中译出版社
地　　址：北京市西城区新街口外大街 28 号 102 号楼 4 层
电　　话：（010）68002494（编辑部）
邮　　编：100088
电子邮箱：book@ctph.com.cn
网　　址：http://www.ctph.com.cn

印　　刷：北京四海锦诚印刷技术有限公司
经　　销：新华书店
规　　格：710 mm × 1000 mm　1/16
印　　张：12. 5
字　　数：205 千字
版　　次：2025 年 3 月第 1 版
印　　次：2025 年 3 月第 1 次印刷

ISBN 978-7-5001-7950-4　　定价：　68. 00 元

前　言

随着社会的飞速发展，大学生日益成为推动社会进步的主要力量。大学生在高校接受教育的优劣程度直接影响人才培养的水平，而高校行政管理体系直接影响着高校教育的质量。在新时期高校教育体制改革的背景下，高校应积极抓住这一机会整合教育资源，革新地方高校行政管理体系，进而提高高等教育的质量。另外，智库是人类智慧与思想的载体，在各国的建设发展中发挥了积极作用，逐渐成为参与公共决策、影响公共政策的重要力量。在我国，高校智库作为高校社会服务的重要载体，能够根据社会发展需求，有效整合优势资源，服务社会经济建设，从而促进高校科研成果转化，推动社会快速发展。与此同时，建设一流高校智库就必须对资源进行整合、激活思想市场活力、科学评价高校智库贡献，以及通过多种途径扩大高校智库的社会影响。

本书是关于行政管理和智库建设方面研究的著作，主要针对高校的行政管理和高校智库的建设进行了分析，内容上本书首先从教育信息化背景下的高校行政管理入手，对高校行政管理的理论模式、高校行政管理的机制进行了深入分析，阐述了高校行政管理的改革策略；其次本书对高校智库的组织进行了系统介绍，以高校智库建设为主线多视角介绍了中国高校智库建设的路径；最后对中国特色新型高校智库的建设与发展展开讨论。希望本书可为行政管理人员、高校行政管理和智库建设管理的相关人员提供参考。

另外，作者在写作本书时参考了国内外同行的许多著作和文献，在此一并向涉及的作者表示衷心的感谢。由于作者水平有限，书中难免存在不足之处，恳请读者批评指正。

作者

2024 年 2 月

目 录

第一章
教育信息化背景下的高校行政管理

第一节　高校行政管理相关概念及理论基础

一、行政管理的含义

行政管理的狭义含义是指国家将权力用到治理社会事务活动之中，广义含义是指社会中的一切团体和组织对其事宜执行和管理的工作。在现代行政管理中，多数是将系统的工程方法与思想结合起来，以降低人力、物力和财力，乃至时间的浪费，最终提高行政管理的质量和效率。

我国高校的行政管理主要是从事科研活动和非教学的行政管理机构所进行的管理活动，相对于高校的教师和研究人员来说，他们大多是管理者。也就是说，他们的权力来源于政府对教育的行政管理。高校主要是以科研和教学为主，行政管理主要起到辅助性和保障性的作用，是高校管理不可缺少的一部分。

高校的行政管理是高等院校特有的一种管理手段。通常，高校一般都有以校长为首的一套高校行政管理系统，高校的行政管理人员要履行其指定的系统来完成高校的各项管理工作。政府在对高校的监管上，主要是采取指令性的手段来进行监管和检查。

高校为实现其在教育上的目标，必须充分利用可以利用的资源，运用较为灵活的工作手段，制定完善的制度，既要达到预期的行政工作效果，又要保障其管理职能能够顺利地进行。高校行政管理的主体主要是指管理层的领导和具体执行命令的行政工作人员。高校的人力、教学和物力等其他资源，根据教学科研需要和高校发展目标，经过行政管理的协调安排，达到效率的最优化，实现高校各项工作的顺利进行，推动高校健康、长远地发展。

二、高校行政管理的职能

高校行政管理的职能主要来源于政府教育行政管理职能。高校的行政管理职能可以大体分为统治职能、社会的服务职能和社会的管理职能，下面将详细地介绍这三个职能：

（一）统治职能

高校行政管理的统治职能是指各高校要以国家制定的各项教育方针政策为主，按照当前的方针政策进行教学管理。

（二）社会的服务职能

社会的服务职能则体现在行政管理组织通过各项规章制度和职能来组织高校的非行政人员进行教学和科研等行为。在教学和科研中，处理好各种问题，使高校的教职工都能在自己的岗位上勤劳奋斗和爱岗敬业，最后达到各高校的预期目标。

（三）社会的管理职能

高校行政管理的社会管理职能主要表现在行政管理人员通过管理运行体制和实施具体的管理职责，能够对高校的教职工进行正确的、规范性的指导，使他们能够按照政策和规范有条不紊地进行工作，这样就能确保教育管理系统的顺利运行和长远发展。

上述职能的决定性在于我国的社会主义性质，对我国各高校在教学和科研方面起着重要的作用。高校行政管理的职能对高校的教学起到保障作用，要随着社会的发展和变化不断地完善和创新高校的行政管理方式、方法，这样才能更好地促进高校教育水平的提高。

三、高校行政管理的运行机制

要想充分地发挥高校的行政管理职能，首要问题就是要不断地对运行机制进行创新和改革。这就要求高校有一个良好的运行机制来对其工作进行保障，使高校的行政管理人员能够尽职尽责地工作，更好地调动行政人员的能动性。要想切实可行地运用好各高校的行政管理职能，首先就要做到熟知行政管理的基础理论，要因地制宜地根据院校的实际情况，确定一个符合实际的运行机制；其次除要注意把握普遍性的行政管理特征外，还要注意把握教育自身的规律特征。总体来讲，各高校的行政管理运行机制包括决策机制、竞争机制和动力机制。

（一）决策机制

社会主义制度要求我们要做到科学与民主的统一。高校在行政管理上，只有做好科学与民主的统一，才能在高校行政管理的过程中做出最恰当的行政决策，从而最大限度地保障高校行政管理的运行合理性。

（二）竞争机制

竞争机制是高校行政管理中的一个不可或缺的重要机制，而竞争机制的建立，主要体现在教学水平管理和高校师资队伍的管理上，在教学与科学研究、后勤保障等方面也有明显的体现。高校行政管理人员通过公平竞争实现优胜劣汰，就是竞争机制的一个最为显著的特点。市场经济的重要法则之一就是竞争。高校行政管理引入竞争机制，对于行政管理人员的创造性和主观能动性发挥了重要的督促作用，有利于改善和提高高校行政管理工作的效率，提升工作业绩。

（三）动力机制

首先要强调的是高校行政管理的动力机制，包括其内在的吸引力、外界的压力与吸引力。其中所说的吸引力包含了高校在其硬件设备上对外界的吸引力因素，指的是高校的办学条件、校园环境、悠久历史和高校的学术氛围等一系列影响力。高校具备了吸引力，才能更好地形成能动力和向心力。就高校现状来讲，行政管理人员和教职工的价值观是高校在前进路上的动力，有一个良好的内在动力，才能使他们在学生管理和工作、教学保障方面保持一个良好的状态，更好地投入精力。而外界的压力主要包含高校在社会上的口碑、国家的重视程度、各高校的教育目标等，这实际上就是动力机制中不可缺少的一种反弹现象。

四、高校行政管理的作用

高校得以实施教育和科学研究的首要条件就是高校的行政管理，高校的行政管理在其管理体系中起着最基础的作用，最为突出的就是指导、调节和约束功能。所以，我们既要保障、协调好，又要激励好高校行政管理的发展与改革。

第一，各高校的行政管理工作的保障性，主要表现在高校行政管理的服务性功能。高校的行政管理工作涉及整个高校的运转，几乎高校的所有事宜都离不开行政管理。即使是一件微不足道的事情，如果管理上出现问题，都会导致全局出现问题，阻碍工作的进展，降低工作效率。要想切实保障高校行政管理的发展与改革，高校的行政管理工作就要积极地发挥好其服务性的功能，将服务性功能运用到工作中，处理好各种关系。

第二，高校的主要目标就是为国家培养人才，必须通过对大学生的教学、管理和服务来实现这一目标。对大学生进行教学、管理和服务，必须通过高校行政管理部门的协调，而各部门之间又具有较大的差异性，所以，在出现各种不协调的情况时，高校的行政管理部门要切实地发挥作用，认真地处理好各部门之间的关系，充分发挥行政管理的协调服务功能。高校的行政管理人员在其行政管理工作中，一定要强化教学和科研服务的管理理念，把高校的行政管理工作深入高校的每一个工作环节，最终实现高校行政管理的整体效能，实现工作效率的提高。所以，要妥善地处理好高校行政管理工作的改革与发展。

第三，对于激励高校进行行政管理的发展与改革，国家要给予大力的支持，作为各高校发展与改革的强劲后盾，高校自身也要激励所有的教职工和学生。而对于高校的行政管理工作来讲，它的具体作用就在于对学校内部各部门及其员工的工作情况进行监督与检查，最大效率地完成工作任务。高校行政管理工作应将绩效考评加入其中，这样才能科学与合理地使政策得到贯彻落实，最大限度地为高校行政管理工作的体系化、可持续性和模式化发展奠定坚实的基础。

第二节　信息技术在高校行政管理中的应用

一、信息技术在高校行政管理中具体应用与功能

应用信息技术的整体功能模块可满足构建校园内部管理平台和网络平台的需要，包括办公自动化、学校的教务管理、学生学籍管理、成绩管理、教工管理、校园资产管理、校长办公等，以解决学校内的日常办公与教学及其他业务的管理问题。

第一，教务管理。教务管理模块主要完成学校教学事务管理工作。具体功能如下：①班级管理：班级基本信息管理，文理分班；②科目设置：设置学校开设科目；③教师授课设置：设置教师的任课课程；④年级/班级课程安排：安排每个年级和每个班级每学期和每周的课程、课时；⑤课程表编排：编排每个班级的课程表，包括年级、班级、任课教师查询课程；⑥教师评价：对教师进行综合评测。

第二，学生学籍管理。①新生入学：新生入学信息管理；②学生基本信息：学生的概况、家庭情况、操行、评语、奖惩、个人简历、入学成绩、考勤、特殊情况等信息管理，以及学生上述信息的查询、统计；③学生班级调整：调整学生所在班级，完成调班、跳级、降级等功能；④毕业生信息：提供毕业生基本信息及在校情况查询。

第三，成绩管理。①成绩录入：当前学期、历史学期的成绩录入；②班级成绩管理：对当前学期全校所有班级的每次考试的各科考试成绩进行统计，并对分数段进行分析；③任课教师单科成绩管理：任课教师对所教班级的当前学期各次考试成绩进行统计和管理；④学期成绩管理：由平时考试、期中考试和期末考试通过给定的比例计算出学期总评成绩，并获得学生的成绩曲线；⑤任课教师试卷分析（该项功能只适用于任课教师）：任课教师录入该班学生此次考试的卷面各题目的得分，可以计算出本次考试的考试得分，同时可以得到每题得分率、每题全对人数和全错人数等试卷分析的结果；⑥成绩统计：以年级或班级为单位，对

学生的考试成绩、名次进行统计，可以统计班级或年级成绩（名次）统计表、班级或年级成绩排名表和学生的个人成绩条等成绩报表；⑦成绩分析：对年级历次考试的分数段情况、考试分析数据进行统计分析；⑧成绩管理设置：设置选课情况、满分值、分数段、筛选学生记录，校正成绩错误。

第四，教工管理。①教工基本信息管理：教工的基本信息、个人简历、家庭情况、奖惩记录、任职情况、业务活动、文章发表情况、业务进修情况、先进事迹以及工资信息管理；②教工基本信息查询、统计：按姓名、性别、工作部门、民族、职务、婚姻状况等信息对教工信息进行查询；③其他管理：按部门、专业技术职务/职称、学历、政治面貌等不同标准对全校的教职员工进行统计。

第五，校园资产管理。①固定资产管理：校园固定资产的登记、折旧、报废、遗失等，标准固定资产报表管理；②实验设备管理：按照部门、年级组、科目等信息对实验设备进行登记、折旧、报废、遗失等管理。

第六，校长办公。①教工信息查询：对教工的基本信息、综合测评等信息进行查询；②学生学籍信息查询：对学生的基本信息、成绩、奖惩等情况进行综合统计查询；③校产信息查询：对学校固定资产、实验设备等校产进行综合统计查询。

第七，系统维护。①系统用户权限管理：管理系统用户对系统的使用权限，用户的信息管理；②代码表管理：对系统各个模块的代码进行维护；③学期管理：设置当前学期，维护学期信息。

第八，校园信息发布（校园网站）。一个功能全面的网站内含多种形式的信息发布系统；拥有"傻瓜"式的网站管理方式、风格多变的网站风格；聊天室提供用户 IP 监控功能、校内新闻发布、行政办公通知信息发布、教学信息发布、课外活动信息发布、同学录等功能，方便学校迅速建立自己的门户网站。

第九，论坛。包括教学研究论坛、学生学习论坛、课外知识论坛等。

第十，远程教学。包括课程管理、智能答疑、远程讨论、课程学习、远程教学资源管理等。

第十一，图书馆管理。包括图书入出库、借阅管理、图书查询、编目管理、读者管理等。

第十二，电子备课系统。提供"剪切+粘贴"的便捷课件制作方式；可实现课件的点播、发布、评比、维护等功能；兼容各种文件格式且内容丰富的素材库及其完善的管理功能；可以上传多种格式的已有课件，如 PPT、Flash 等。

第十三，在线考试系统。该系统具有智能化网络在线考试功能，强大的成绩统计、分析功能，周密的防作弊功能，可作为独立模块单独使用。

二、高校行政管理信息化体系的架构

（一）网络平台

网络平台是信息技术建设环境中计算机、应用软件和电子通信体系等结构的总和。网络平台是一个开放的体系，它随着信息技术和信息理念的发展和变化而不断地变化和升级。网络平台又是一个规范的体系，它是在共同的数字化标准（指信息技术所运用的各项技术都应该具有一个统一的标准）、信息化的程序标准（在信息技术建设过程中所运用的各种程序都应该具有一个统一的运行平台，所输出的各种数据同样应是标准化的格式）和信息资源的共享标准（信息技术的配置是建立在共享的基础之上的，要保证全面的兼容与规范化，绝不能自我封闭）上运行的。因此，不同时期、不同学校的网络平台并不完全相同。

（二）管理平台

管理平台是信息技术建设环境中的观念体系、协调组织、管理方法和管理程序等要素的总和。管理平台首先包括"硬平台"，即构建用于管理信息技术应用各项活动的管理信息系统，这是管理平台的基础。主要包括教学管理系统（本科教育、研究生教育、网络教育等）、学生管理系统（招生、就业、学生工作等）、人事管理系统（人才引进、教师培训、工资管理、人事档案等）、科研管理系统（纵向课题、横向课题）、财务管理系统、公共服务体系管理系统（网络信息服务、图书档案信息服务等）、后勤管理系统（教室、宿舍、餐饮等服务），以及资产管理系统（房产、地产、设备仪器、无形资产）等等。管理平台还包括"软平台"，也就是信息技术应用下的管理思想、理念和各种管理制度。只有将"软平台"和"硬平台"的建设结合起来，才能充分发挥其作用。

（三）资源平台

资源平台是信息技术应用环境中数字化的各种资源的总和，其核心是各种数据库。学校的信息库一般有学生信息库、教学信息库、专利信息库等。

三、电子校务在高校行政管理信息化发展中的创新应用

（一）电子校务的认知

将信息技术与高校行政管理进行融合，利用网络通信与计算机等现代信息技术将其内部和外部的管理和服务职能进行紧密集成，学校可以实现机构精简、工作流程优化、资源整合。通过学校网站，大量频繁的行政管理和日常事务可以按照设定的程序在网上实施，从而打破时间、空间及部门分割的制约，全方位地为学校及师生个人提供一体化的规范、高效、优质、透明的管理和服务。借用"电子政务"的概念，信息技术应用于高等院校管理的手段便可称为"电子校务"，简单地说信息技术的应用就是指一个信息化、数字化、智能化有机结合的新型学校行政管理的网络平台。电子校务应用现代化的电子信息技术和管理理论，对传统校务进行持续不断的革新和改善，以实现高效率的大学管理和服务。

电子校务利用了信息技术的主要功能，主要有：

1. 展示

展示就是提供高校综合信息，以企业网页的方式，在网上发布学校科研、教学、组织机构等相关信息，包括在网上做招生广告、科研征题、技术转让等。通过展示，可以树立学校的形象，扩大学校的知名度，宣传学校的科研和教学，以期寻找、吸纳新的生源和教学、科研伙伴。

2. 发布

所谓发布就是要在网络上传达学校的各种通知、计划、政策和各种动态信息，以保证上情下达。

3. 服务

信息技术的应用要实现通过网络提供与教学、科研活动有关的信息，比如，

图书借阅、教学计划、教学安排、学生成绩、教师状况及各种数据和报表。

4. 教育

网上教育是高校教育的第二课堂，信息技术的应用要通过网络面向校内外学生开展可视教学，进行辅修专业和重修课程的教学及有关课程的补充教学。还要通过远程网络教育使学生进入社会及其他高校的课堂，实现师资共享。

5. 交流

所谓交流就是实现各种网上沟通，包括上级与下级之间，教师之间、学生之间、师生之间，学校与政府机关、学校与校外个体和群体之间的信息交流等。利用网络的这些功能，学校行政管理可以更好地实现其功能，达成其目标。

电子校务是电子政务在学校的具体化，两者有相同点，也有不同之处。

第一，信息技术在高校应用的网络平台是校园网，而校园网的数据传输速度高、信息提供针对性强、媒体的多样性等特点决定了高校电子校务系统可以建立在一个极具效率的网络平台上。

第二，高校利用信息技术的服务对象明确、业务规整，而不像政府的电子政务服务对象那样复杂多样。

第三，高校利用信息技术所处理的业务相比于政府电子政务系统，具有单一性与集中性的特点，也就是说，高校可以利用信息技术的功能，采取更加有效的方式处理学校事务，即内部可以采取比 C/S 模式更加有效的方法对学校事务进行集中处理。

第四，高校利用信息技术具有更高的安全性。一方面，在校园网上可以实施更高级别的安全性策略；另一方面，高校信息技术的集中式处理模式具有较高的安全性。

第五，高校信息对于其建立者和消费者来说相对对称，这一特性决定了高校信息技术的建立可以由高校相关部门和消费者共同来建设。实际上，高校行政管理层既是电子信息技术的建设者，也是消费者，其双重身份决定了高校电子信息技术的建设及其功能确定的明确性。

（二）电子校务对促进高校行政管理发展的重要性分析

1. 高校行政部门纵向分权的协同管理

协同管理的本质就是将各方面的智慧集中起来，通过对各个方面资源的整合，将各方面的力量充分地发挥出来，最终形成一股合力，使学校在内部管理和对外服务上充分发挥学校行政组织中全体成员的作用，而不是单纯地将上层领导的作用发挥出来。电子校务具备非常明显的分权特征，不仅可以将全体成员的作用最大限度地发挥出来，而且在此基础上赋予下属更多决策方面的权力，在一定程度上能够将他们的积极性、主动性和创造性激发出来。与此同时，在电子网络化模式的组织下，如果每位组织成员的知识和潜能被最大限度地挖掘出来，整个组织的集体智慧就会获得显著增强，从而更加有利于高校行政部门实现纵向分权的协同管理。

2. 高校行政部门横向整合的管理

电子校务的协同管理模式在一定程度上以业务流程为中心，并且在此基础上实现对业务流程的重新组合，以此来发挥电子校务的巨大作用，因此，各部门之间障碍的扫除对于工作效率的显著提高具有非常重要的作用。一方面，电子校务能够在最短的时间内通过各部门之间的全面调整实现重新组合，并且能够在现有行政部门边界保持不变的情况下加强各部门之间的密切合作，以此来实现资源的有效共享；另一方面，电子校务以现代先进的信息技术为依托，并在高校机构改革的严格要求下，通过对内部不同机构的重新组合，使其形成一个全新的、统一的机构。各部门通过不同强度来加强组织之间的联系，在很大程度上促进了相关行政部门朝着无缝隙运行的方向发展，从而为高校提供良好的无缝隙化服务。

（三）电子校务系统顶层设计的要点

第一，树立大局观，兼顾整体与全局。顶层设计的视角需要远离局部环境所带来的束缚和消极影响，树立大局观，站在整体高度的视角对电子校务中的决策进行科学、合理及细致的分析，对兼容和共享进行全方位的考虑。

第二，对业务的需求进行科学的分析。业务作为电子校务设计的重点，在进行顶层设计的相关过程中需要对其可行性及利益关系进行科学的分析。换而言之，顶层设计的成功与否在一定程度上与业务领域有着直接的关系，包括与业务领域紧密相关的工作。

第三，促进学校行政管理绩效水平的不断提高。从某种意义上讲，学校的行政绩效其实与管理职能的转变有着最直接的关系，主要还是围绕学校发展的具体目标而进行的。为保证学校发展目标的有效实现，就需要对学校的具体工作流程进行科学的优化，使其职能能够发生一定的改变，从而最大限度地促进行政效率的显著提高及工作体制的创新与改革。

（四）电子校务对业务流程进行科学的优化

管理服务流程的优化在一定程度上对于电子校务灵活性的显著增强与提高具有非常重要的影响，通过对各项业务流程的梳理，能够及时地发现潜藏在行政管理中的各种问题，从而对流程进行一定的变革，实现对流程的持续优化。因此，在流程再造的过程中，需要以优质的服务来推动流程的发展，并且使变革后的流程能够提供更优质化的服务。此外，要建立标准化的操作流程，以标准化为主要纽带，实现管理信息的共享和业务流程的规范，最终促进业务流程的持续化改进，从而极大地促进电子校务在高校行政管理中的科学发展。电子校务是在互联网网络技术和现代化教育发展过程中逐渐兴起的一门新型的管理模式，它在高校行政管理的协调发展上对于行政管理部门工作模式的转变、办公效率的显著提高及监督功能的有效发挥等方面发挥着至关重要的作用。

四、信息技术在高校行政管理中的积极价值

（一）优化高校行政管理决策

决策是否科学合理，对于高等院校的发展至关重要。历史上，不当决策一方面是来自利益的狭隘性，另一方面则是因为决策手段、程序、方法不够科学与高效。

信息技术的引入为高校行政决策的科学化带来了可能。信息技术可以推动决策流程的再造与创新，为决策信息、决策咨询、决策参与提供巨大可能。信息技

术的发展正逐步实现在适当的时候、把适当的信息提供给适当的管理者，这样就改善了决策者的有限理性行政决策的范围，有助于建立适当的行政决策控制幅度。信息技术的实现，使得高校政策的决策者可以在广泛了解决策所需信息的前提下进行决策，避免了靠经验决策和决策信息不完备导致的盲目现象。例如，对于学校人才培养的模式如何定位，如果采取传统的信息采集，费时费力，资料不全，而利用信息技术，广大用人单位、学生家长、学生本人都可以充分表达自己的意见，学校便可以获得充分的信息。

（二）提高高校行政组织的组织绩效

首先，信息技术的引入可以有效减少管理队伍，减少高校内设部门的数量。高等学校传统的行政组织形式，是金字塔的科层组织体系。这种行政组织结构的形成与发展，有其长期的历史原因，它需要大量的人力来完成很多相对繁杂的工作。而通过推进电子校务，引入先进的信息技术和构建高效的网络平台，原有的一个部门、一个行政工作人员可以做两个部门和两个工作人员的工作或者更多的工作。其次，信息技术有助于形成"扁平化"的管理。

尤其重要的是，高等学校内部信息能够被每个师生平等享受，许多问题在较低层级就能够得到解决，以上传下达为主要工作内容的中间行政管理机构就可以大大精简，因信息传递不及时或传递失误造成的信息损失可以大大减少，行政运行成本可以大大降低，臃肿的行政组织结构可以变得扁平化、有机化和弹性化。电子校务采用人机结合方式搭建基本工作平台，打破了传统教育政务的集中管理、分层结构，改善其机构重叠臃肿、日常教育行政事务处理速度缓慢的问题，实现学校管理从金字塔式向扁平化结构发展，提高了教育系统内部各个部门及上下级之间的沟通速度、沟通程度及教育行政部门的运行效率。

（三）增强高校行政体系的反应力与回应力

信息技术的应用即将削弱以至于取消决策者与执行者之间的严格分界。在马克斯·韦伯（Max Weber）所设计的科层制中，组织内部层层授权，下级对上级严格负责，只有处在金字塔顶端的人才能掌握足够的信息而做出熟悉情况的决定。在传统体制下，只有处于金字塔顶端的领导层，才能够掌握足够的信息而做出相对正确的决策。在这种情况下，高等学校行政管理过程是不透明的，行政民主化程度是不高的。电子校务提供了交流平台，学校有专门的局域网，能够方便教师与教师、教师与领导、教师与学生之间的沟通。通过这个平台师生可以直接与领导层对话，把对学校工作的感想和建议及时反馈上去，使领导层能及时了解学校目前的实际状况，以全面促进学校的快速发展，增进领导层与师生之间的理解。学校可以通过网络发布学校的科研、教学、组织机构等相关信息，包括在网上发布招生广告、科研征题、技术转让等，可以树立学校的形象，扩大学校的知名度，宣传学校的科研和教学，有助于寻找、吸纳新的生源和教学、科研伙伴。

另外，学校还可以通过电子方式传达各种通知、计划、政策和动态信息，使教职员工和学生能及时地获取有效信息。通过推进电子校务，高等学校行政机构可以在校园网平台上发布大量公共决策信息、校纪校规、行政决议、重大事项和最新行政动向，最大限度地满足师生员工的知情权、参与权和监督权，从而集思广益，促进决策科学化，增强高校行政体系的反应力与回应力。

（四）加强高校行政组织的廉政建设

信息技术的应用为高校行政组织的廉政建设提供了新思路、新方式和新途径。一方面，由于高校信息化建设后，信息的公开性、信息资源的共享性、信息沟通的便利性，有益于高校管理者转变工作作风。；另一方面，由于校务的公开，增加了高校行政管理行为的透明度。通过电子校务，师生能直接了解高校在做什么、如何做，有利于加强对高校行为监督，也使学校通过网络广纳贤言，迅速了解学校的发展动态。

（五）改进高校行政人员的观念与素质

信息技术的应用借助于互联网、外网、内网，打破了时空限制，高校行政人员可以看到、听到、接触到以前无法感知的事物，实现高效信息沟通和海量信息处理，可以完成以前仅靠个人能力无法完成的工作。

1. 观念的更新和视野的拓宽

高校行政人员要适应信息时代的要求，就必须更新传统观念，树立效率观念、创新观念、服务观念、竞争观念、民主观念、法制观念等现代化观念。信息技术的开发可使行政人员及时获得大量信息，互联网提供了获取信息的极大便利，有助于他们逻辑、辩证和系统地思考问题，提高分析、判断和解决问题的能力。

2. 鞭策高校行政人员的全面进步

信息技术的应用既对高校行政人员的知识和技能提出了更高的要求，又节约了他们的精力与时间。前者成为高校行政人员不断学习与培训的直接动力，后者则为学习与培训提供了可能与机会。此外，信息技术的应用带来的教育方式的更新（如网络学校）为行政人员学习现代化的管理知识，掌握与运用现代化的行政管理技术和工具提供了极大的便利。

（六）提高管理人员的工作效率和质量

校园一卡通系统是建立在校园网上的多种金融系统和管理信息系统的综合系统，它的实施不仅提高了学生的生活和学习效率，而且学校也受益匪浅。一卡通的统一认证和模块设计使系统维护工作变得轻松简单，解决了高校管理系统工作量大、管理和数据统计不方便等问题，提高了管理系统人员的工作效率和工作质量。如学生管理信息系统，可以提供信息资源的查询、下载、网上选课、成绩实时查询、课程目录等教学信息的查询、学科专业培养方案查询等。通过 E-mail 可以向学校反映工作、学习、生活中遇到的问题与困难。对内，信息及时互通，资源及时共享，提高工作效率和管理效能，减轻管理人员体力劳动，集中更多精力从事具体创新性的研究和实践工作；对外，系统数据库与招生办、学位办数据库可对接，学生与教师、社会与学校之间联络方便，便于及时交流。

（七）电子校务提高了办公效率

办公自动化系统能够提高工作效率，降低管理成本，增强管理的科学性和民主性，实现学校与教育部门之间的电子信息交换，快速、准确地完成上传下达的任务。办公自动化规范了工作流程，明确了各部门的工作与管理职责，最大限度地减少了部门之间互相推诿的现象。管理部门的绝大多数日常事务处理如公文处理、会议管理等都可以通过系统完成，大大提高了信息处理的数量和质量。如招生就业网，随时对外发布信息，不但解决了招生和就业期间门前车水马龙的情况，而且对学生提出的疑难问题也可以给出圆满的答复。

（八）电子校务为领导层提供高质量与有价值的信息

传统行政办公模式的信息传递和事务交接由人工通过纸质载体完成，易出差错，透明度低，规范性差，存在重复劳动；上下级和部门间无法实现信息的集成和共享，难以及时沟通和高效协同工作；信息和工作流程相互分离，很难获得至关重要的即时信息，使工作监控和评估困难，无法为领导的科学管理和决策提供可靠的依据。随着信息时代的来临，各个方面的信息蜂拥而至，办公室信息工作者紧紧围绕中心工作开展信息工作，坚持准确把握信息工作的原则，对信息进行加工、综合，去伪存真，为决策者提供了高质量有价值的信息，为决策的成功提供了重要依据，极大地提高了工作效率。

信息技术对高校行政管理的影响不仅有上述具体方面，从中观层次，甚至根本角度上看也有多种积极意义。信息技术对高校行政管理的模式会产生影响，它扩大了高校管理的主体队伍，使过去默默无闻的教师、学生获得了行政参与的渠道，增加了学校事务管理的民主化程度，在一定程度上改变了学术权力与行政权力的关系，也在一定程度上促使学校的管制性管理走向服务性管理、审批式管理走向协商式管理。

信息技术对高校的行政组织结构也发生一定的影响。网络带来了权力的适当下移，适当扩散，适当增加了学校院系的自主权；网络还促进了行政机构的虚实转化，催生了一些虚拟机构，它们参与学校的管理，促进组织机构的融合与渗透。信息技术为高校提供了一种自主、宽松的行政管理环境，增强了管理人员工作方式的灵活性和创新性。日常行政工作中，在完成基本行政工作任务的基础上，尽可能允许行政工作在内容及层次上，多方面、多角度地了解被管理者，与工作人员及被管理者在某些方面进行探讨，以便有利于管理面的扩大和思维灵活性的开启，给工作人员以较为宽松的空间，使其创造性思维与行动得到更多的激励。

第三节 教育信息化背景下高校行政管理机制构建路径

一、提高思想认识，不断提高信息技术的利用率

计算机应用软件、网络平台是一种管理思想和管理方式的载体，利用信息技术来创新和规范学校管理方式，不能被看作是单纯的技术问题。首先，我们应当转变观念，将管理与技术联系起来，使日积月累的、成功的管理思想和管理方式凝聚在管理应用系统之中，这个系统实际上也就是管理思想和管理方式的结晶。任何一个应用软件或者网络平台，都绝不是现有工作程序的简单复制。在信息技术的应用过程中，应当提高思想认识，将科学、合理的管理行为和程序固化到信息技术中，根据新形势和新要求不断进行技术改进和创新。

信息化的办公系统对一部分领导和机关工作人员来说，是一个全新的事物。他们可能更习惯于原有的人工传送信息方式，有的甚至会对信息技术产生抵触情绪。要使大家能够适应新型的办公方式，需要一个较长的过程。这就需要高校领导层积极地宣传与动员，有必要根据不同的要求，对全校的行政管理人员进行培训，使他们都能掌握操作方法以适应现代化管理手段，从而提高信息技术的利用率。

二、因地制宜，从成本与效益的角度出发，进行整体规划

高等教育走向信息化、现代化是历史的必然。网络信息化已成为高校自身发展尤其是行政管理的必然需要，信息技术在全校的实施是一项非常复杂的过程，涉及面广，信息量多，工作难度大，不但涉及管理体制、机构设置和管理方法等方面的变动，还需要考虑报表格式、数据分类及编码统一等问题，这些都是涉及学校全局的问题，只靠几个管理人员或专业人员是难以解决的。在人力、财力、设备及场地的调配上，需要领导进行协调，出面解决各部门之间的关系。所以，要由学校主要领导积极参加，坚持集中控制，集中开发。如果没有学校领导的参与，无论是在系统规划的制订，还是实际执行的过程中都会遇到许多不可克服的困难。

从成本与效益的角度来看，管理系统可以分解为一系列相互关联的子系统。如果一所学校内各个子系统都各自为政地任意开发，都有自己的程序和数据，项目之间各搞各的，不但会造成工作相互重复，还会造成技术成本浪费与效益低下。学校的信息化建设的发展规划应当成为学校教育发展总体规划的一个组成部分，要遵循"统一规划、分期建设、逐步实施"的原则，从学校的实际情况出发，决定应用需求及分期目标，确定和实施具有自己特色的信息化建设方案。

三、统一标准以集成系统

统一标准是互通互联、信息共享、业务协同的基础。电子校务系统是一个内含多种应用系统的集成体系，由于各应用系统在应用范围、构建方式、数据资源等方面存在一定差异，对整个电子校务平稳运行存在较大影响。在信息技术的建设过程中应按照统一规划和组织，依托现有资源和信息化工作的基础，坚持自主制定与采用标准相结合，实行自上而下的设计方案，上级规划为下级提供参考，下级规划在上级规划的基础上根据本校的特色进行规划。适时推出与电子校务相适应的标准体系，建立健全各类办公自动化系统、业务处理系统、公文流转处理系统、公众服务系统等，实现高校内部的教学管理、人力资源、校务管理等系统间的共享和数据交换，为用户提供统一的访问界面，为高校的教学、科研与社会服务创造最优的解决方案，实现提高大学运作效率和加强高校核心竞争力的目的。

准确而全面的数据是领导进行决策的重要依据，利用它可以找出问题，开创未来，推动高校不断向前发展。现代数据库，尤其是数据仓库、数据挖掘和联机分析处理技术，为充分利用历史数据提供了有效的解决途径。对历史数据的整理及资源的整合可以得到科学、合理的信息，可以使基于经验的决策向理性决策转变，使领导清楚地了解学校工作哪些方面做得好、哪些方面还存在不足，从而明确今后的奋斗方向，以制定正确的策略和措施。针对现有的繁杂并且数量庞大的网络资源，有必要进行整理和分类，最终建立针对教学、科研、管理等不同内容的、具备强大搜索功能的门户网站，使广大师生及高校行政管理人员能够通过简单操作即能获得相关信息与服务。同时，还要以数据镜像的方式，建立全球教育资源吸收系统，通过互联网对一些高质量的图书馆、专业数据库建立镜像，为广大师生提供更加专业、更加前瞻的教学、科研、管理等方面的资料。此外，信息资源只有走向联合，才是生存的出路。在信息资源共享过程中，要坚持探索创新，构建信息资源管理系统。打破各部门条块分割的现状，选择那些有必要且有价值的信息资源进行共享，否则只能造成共享水平的整体下降。共享部门应制定明确的指导思想，把信息资源共享作为一项综合性的发展工程，制订详细的共享规划，鼓励大家积极系统地进行开发和整理，使共享资源具有可获取性。在信息资源的开发、传播及使用过程中，应注重个性化服务，使信息资源人性化，把印刷型的信息资源数字化，把内容稀少、简单、枯燥的信息资源逐步丰富、个性化、实用化，把以提供学习拓展知识为主的信息资源转向以培养创新能力及满足人们多方面需求的信息资源，提供原创性更强、质量更高、数量更多、成本更低的信息资源。

四、按管理职能来规划，提高管理人员使用信息技术的能力

每个高校的行政管理部门有数十个，所有这些部门的工作都是围绕教学、科研、学生和人事、财务、设备、生产、后勤等几个大方面的管理过程来进行的。机构设置可以分分合合、增增减减，各部门的职能也可以变化，但是学校内这几大类基本工作不会变。因此，在应用信息技术时，可以按学校的几大类管理职能来进行规划，以减少不必要的重复，增强各子系统之间关系的相互协调和一体化，使资源分配能够得到更有效的管理控制。

信息技术的实施和应用是一项较复杂的系统工程，必须进行充分细致的调查，进行缜密的分析，不断地完善系统功能，以保证办公自动化系统的顺利实施。

在系统实施开发的过程中应注意与系统操作人员的沟通，以避免实施过程中出现原则性问题，不得不"推倒重来"的事情发生。信息技术的使用者是用户，一般而言，它是用来为管理者提供全面的、具体的工作详情，并具有执行、控制和辅助决策功能的一种综合性的人机系统。即它既能为一个单位处理事务，也能为一个单位的管理提供决策支持。这里要强调的有两点：一是以计算机为基础；二是网络管理的建立既是一项技术性工作，又是一项行政性工作。"人"是该系统中的重要因素，因为只有通过人的活动才能获得有用的结果。用户凭借工作经

验与工作需求，在使用信息化办公的过程中，可以对信息技术的实施提出具有针对性的需求，使技术切实与管理活动相融合。结合管理人员提供的业务知识可以减少技术开发与运用过程中系统的交接问题，设计一个好用、实用的计算机网络应用系统。另外，信息技术可以通过数字模拟产生理论最优的高校行政管理流程，但只有在高校行政管理人员的实践与检验中才能够得以证实。它的开发可能会影响到现行的管理方法的变更，涉及学校内部机制的调整和人员的变化。为了使这项工作产生实际效果，得到人们的普遍承认和更多支持，应该在管理干部中培养一大批熟练的技术人员，建立一支包括学校领导及各业务部门负责人在内的各类人员组成的操作使用队伍。因此，要根据不同要求，对现有的行政管理人员进行培训，以使大家都能掌握操作方法，提高整体的计算机应用水平。在其基础上建设一支具有系统分析能力的骨干队伍，以推动管理信息系统工作的不断完善。

五、协调管理并加强培训

为了使行政管理跟上形势的变化，要加强管理工作人员的技术再培训。要让他们掌握技术，尤其培养一种信息管理的意识，让他们从不愿、不习惯到觉得方便好用，最后主动适应信息技术的发展并将信息技术用于管理中。

电子校务不仅必须由学校的"一把手"直接领导，学校还要成立专门的电子校务工作小组，建立一支具有较高信息化素养、技术水平高、协调能力和服务能力强的管理队伍，以建立健全电子校务通畅运行的管理制度，如日常管理制度、安全制度等，促进电子校务管理的规范化、科学化。切实做到规范管理、协调管理，保证电子校务有序、健康发展。在电子校务建设的过程中，教育和培训是不可缺少的。首先，应对高层领导进行培训，使他们真正了解什么是电子校务、能发挥什么作用、会遇到什么风险、如何管理等。这样他们才能做出正确的成本估算，保证资金投入，监督实施计划的进行，协调各部门的矛盾，推进项目的发展。其次，学校应对全校的机关工作人员进行培训，特别是一些关键岗位，如办公室主任、各业务模块管理员等。必要时，可采取特殊优惠政策，积极吸引、招揽信息化人才，并增强他们利用信息技术的信心，发挥他们的积极性，为师生提供方便快捷的信息技术服务，发挥电子校务的最大社会效益。

六、从自身实际情况出发，分层次实施信息技术规划

在网络技术应用的过程中，由于人们认识上的差异，以及各高校自身条件的不同，管理信息化建设很难一步到位，因此各高校可根据自身的实际，立足长远，先易后难，循序渐进，分步实施。一定要从学校的实际情况出发，根据需要和可能，充分利用现有条件，因地制宜，由简到繁，注重实效，逐步扩展；要从学校财力的承受能力出发，以信息技术应用的客观需要作为标准，避免造成浪费，充分发挥信息技术的效能。比如图书馆，最初应用信息技术的目标就是对图书进行有效管理，由于需求单一，大可不必在网络配置等方面要求过高。电子校务建设是一项高投入的工程，在其建设之初，应做一些可行性分析报告，无论资金雄厚还是资金紧张的高校，都应该注重资金投入的使用效率，注重设备的实用性。

七、加大制度建设，为信息技术的利用提供强有力的支撑

随着信息技术在高校行政管理各个方面的不断普及和应用，各种相关的规章制度也需要加以建立和完善，以保证信息技术实施的目的顺利实现，所以，工作人员必须接受和使用信息技术，而且在使用的过程中必须坚持制度管理，制定有关的使用、授权、录入、保密等制度。

高校行政管理信息化重在建设，贵在应用。应当转变观念、营造环境。信息化建设并非少数管理人员之事，要靠全体教师和学生的关心和参与。由于大多数基本信息的传递需要管理人员的参与，因此，高校行政管理人员应当转变观念，改变传统的处理、传递信息的方式与习惯，树立起现代网络意识，努力提高个人素质。总之，高校在信息化建设的过程中要有意识地营造一个人人会用、乐于用现代信息技术进行管理和学习的大环境。

第二章
高校行政管理的理论模式

第一节　科层式管理模式

一、相关概念界定

（一）科层式

在许多国家和组织中，科层式作为一种制度以不同形式存在了几千年。关于科层式，从不同的视角出发，有着多种解释。从作为政治体制类型角度来看，科层式是指一种行政职位为职业文官所占据的体制，通常这种体制是对世袭君主负责，这一看法主要适用于 19 世纪。随着时代的发展，科层式不断被赋予新的内涵，主要指服务于管理者的一种体制模式。从公共行政学角度来看，科层式作为一种公共管理模式而存在，不单单是组织中的行政管理。科层式所具有的许多特性在具体管理实践中均有所体现，比如，强调公共利益、强制性、权威性等，这些特质的存在使得组织管理更加官僚化。从政治经济学角度来看，科层式被视为一个非市场的组织，与通过在市场上销售产品获得资金的组织不同，它的资金来自上级联盟的一般拨款。

德国著名社会学家马克斯·韦伯（Max Weber）关于科层式的开创性研究拓展了社会学的深度和广度，同时也开创了组织理论的一个广泛的领域，为科层式的发展提供了理论基础。马克斯·韦伯认为，科层式是由专门的管理人员按照规定的制度原则进行组织管理的行政管理体制。科层式组织的等级制有三种基本形式：专制型、共同治理型、传统型。其核心思想是把组织看成由部门和职位的等级结构形成的体系，每个部门和职位的权限和职责都是依据合理、合法的原则，按照其在组织中的地位确定的；每个成员的一切职位行为都由既定的规则制约着。这种行政管理体制越来越盛行于所有的政治体制，是实现统治目标最合理的形式。它包含以下特征：权威层级、规范化、专门化、标准化、遵从绩效原则（或称非人格化）。

综上所述，基于马克斯·韦伯对科层式提出的基本观点，将科层式定义为在组织中以成文的规章制度为依据，主张遵循合理、合法原则，分层级对组织成员进行规则制约的行政管理制度，它具有权威层级、规范化、专门化、标准化及非人格化的特征，是特定权力的使用和服从关系的体现。

（二）学校科层式管理模式

学校是指教育者采用不同教学方式、创设各种教育情境、有组织有计划地对受教育者进行能力培训的组织机构。不同于其他公共组织，学校有其特有的结构特点，大多数学者公认的看法是，学校组织结构具有松散联结的特性，这是因为学校组织的形成是以学科为基础的。此外，学校组织不同于其他组织，具有两个权力系统：一个是行政权力系统，另一个是学术权力系统。后者的存在相对于前者而言，是一种补充也是一种制衡。

学校管理是学校管理者对本校各项工作，即教育、教学、科研、后勤等进行计划、组织、指挥、协调和控制的活动。按照组织特征，学校管理是指学校行政权力系统对学校的管理活动，在学校管理中，管理者通过制定合理的管理原则，运用科学的管理方法，对各个方面的活动进行有效的协调控制，来实现教书育人的目的。

综上对科层式与学校的理解，学校科层式管理模式是学校管理者为实现对学校各方面活动的有效协调控制，在学校行政体系中依照科层式的基本原则，对教育者、受教育者及其他组织成员进行规则制约的一种行政管理体制，它是学校管理的重要手段，也是学校协调高效运转不可或缺的制度。

二、科层式管理模式的对策

(一) 重视学校人力资源管理

1. 树立新型的教师管理观

传统的科层式管理模式下，学校管理者被赋予充分的权力，权力的集中使得管理者演变为控制者，为教职工服务的理念被淡化。服务理念是新公共管理理论中处于核心地位的理念之一，即转变原有权威观念，树立顾客服务意识。在行政方面教师处于被管理地位，但教师具有的专业知识和教学能力有利于实现学校育人的目标，学校管理者应将教师看作学校管理中的"顾客"，尽最大可能地为教师提供服务。因此，学校管理者应树立新型的教师管理观，摒弃传统管理思想，明确"管理就是服务"的理念。

在科层式管理模式下，学校的运行机制缺乏灵活性，学校制定何种模式，教师就必须接受这种模式，而新型教师管理观要求应以教师为导向，充分发挥教师的主体地位和作用，教师在参与管理的过程中不断提高能力。只有在思想上明确这一点，管理者才能在实际行动中转变做法，重视教师需求。所以，应积极倡导学校管理者树立新型教师管理观，摒弃传统官本位思想，从根本上促进教师地位的提高。

2. 建立校务信息公开系统

科层式管理模式下，学校中的信息是闭塞、封闭的，而新公共管理中的顾客理论认为，只有当顾客充分获取市场不同服务者所提供的各种相关的准确、可靠信息后，才能做出正确的选择。学校管理者作为服务者，应为教师提供信息，促进教师参与学校管理，保证其教学活动的有序进行。

第一，确保学校信息的公开性和透明度。学校管理者应充分利用现代信息手段，采取网络、广播、信息公告栏等多种途径积极宣传学校的一些规章制度、政策措施、服务信息，打破科层式信息封闭的状态，保障教师对学校各项事务的知情权，确保教师能够及时地了解自己所需要的信息。

第二，学校管理部门应积极引进先进的现代管理技术，将现代管理方法运用到学校管理实践中，尽快实现学校管理方式的科学化。比如，可以建立教师网上管理系统，利用该系统对各个年级的文件资料及教师信息进行整合管理，实现科学统筹。

第三，学校管理人员和教职工都应紧跟时代潮流，积极学习现代管理方式，充分发挥互联网的正向功能，加强与不同地区的学校交流，促进观念及时更新，改变教学方法。通过对学校信息的公开，能够改进目前的学校管理方式，保障教师的各项权益，同时也有利于教师参与监督，防止管理权力的滥用，促进教师自主决策，真正体现"管理就是服务"的思想。

3. 提升教师队伍综合素质

教师是学校最重要的人力资源，也是推动学校教育发展的动力，但是科层式管理模式对教师的重视并不够，缺少促进教师专业发展的措施，要想促进教师可持续发展，须加强对教师能力的培训，提升教师队伍的综合素质。当然，这并不是短时间内可以完成的工作，只有在学校日常生活中不断提高综合素质才能促进教师在学校建设、教书育人等方面做出更大的贡献。然而，目前科层式管理模式下的学校并没有意识到提升教师素质的重要作用，忽视了教师专业发展的需求，最终导致学校发展动力不足，所以，学校管理体制变革的重点应聚焦于如何提升教师队伍综合素质，促进学校不断发展。

4. 加强教师团队交流合作

学校科层式管理模式强调分工明确，以理性和非人格化为原则，要求教师摒弃个人情感，导致学校组织之间是封闭、冰冷的。团队的概念起源于企业管理，科技飞速发展的今天，国内外许多企业的改革都致力于改变以往传统的管理模式，逐渐向以团队合作为主的管理方式转变。通过实践的运用可以看到，具有合作精神的团队，其工作效率会更高，员工的热情也会更高涨，从而更有利于实现组织目标。

（二）实现学校扁平化管理

改变科层式下的等级管理模式，简化学校管理层级，提高学校管理层级的灵活性，使学校各层级部门更加协调，避免层级繁多造成冗余，是促进现代学校发展的关键。适当引入市场机制，能够有效地提高学校内部管理效率，但是学校同大多数公共组织一样，在管理过程中忽视了市场机制的重要性。市场理论不仅适用于企业组织，更适合政府等公共部门。市场是一只看不见的手，其最基本特征是自由、开放，没有市场竞争意味着学校无法打破科层式等级特性的约束，意味着无法实现学校管理的高效运转。在学校管理中，新公共管理理论中的市场理论为学校管理体制优化提供了可行性，主张革除那些对学校目标不再起作用的职能或部门，只留下学校管理体制中的重要部门，以此来实现学校的扁平化管理。

1. 简化行政管理程序

在学校机构设置上，学校应尽可能地避免行政管理机构的重叠与臃肿，依照最低限度设置学校管理层级，以此来缩减管理层级。在管理人员安排上，学校应尽可能减少其数量，避免出现岗位人员过多现象，精心选择高素质的人才组成学校的管理队伍，保证行政管理队伍的高质量，以免出现行政人员过多而造成不必要的浪费。在管理工作操作上，学校应摒弃烦琐的行政流程，精简行政管理程序，减少不必要的行政审批和管理活动，使教师在教育教学中能专心于自己的本职工作，不受烦琐行政程序的干扰，从而充分发挥行政管理人员的作用，提高其工作效率。

2. 加强各层级间沟通

学校科层式管理模式因受到"韦伯管理理论"与实践的影响，呈现出明显的等级特性。层级结构对一般的沟通是有效果的，因为层级将每个人的职责固定下来，重复相同的工作，工作目标及工作内容由上级一层一层传递下来，在这种形式下很少出现不利情况。但是这种方式忽视了行政管理人员的诉求，降低了不同层级之间沟通的效率，所以，学校应允许特殊沟通方式的存在，以此来实现跨层级沟通，保证学校组织的顺利运行。

（三）完善授权分权管理方式

学校科层式管理模式强调权威与服从，教师作为学校教育的承担者，参与管理的权力在这一体制下被弱化，成为遵循权威的机器。需要明确的是，教师处于命令链的下端，其权力被剥夺，进而导致这种管理模式缺乏对学校进行有效管理所必需的灵活性，不利于学校组织目标的实现。新公共管理理论主张政府集中并协调掌舵职能，让政策制定者可以更加有效地集中把握政策和方向，而把"划桨"的权力下放，使基层的管理者可以拥有一定的自主权来改进公共服务和提高执行水平。

新公共管理理论这一思想对解决学校科层式管理模式现状、转变学校集权式管理方式具有一定的借鉴意义，下放权力给管理机构或授权给教师，使其拥有更多的自主权、独立性和其他权力来按自己的方式进行运作，真正地对自己的行为和决定负责。授权分权并不意味着失去控制，而是将学校管理机构的"掌舵"与"划桨"职能分开，使管理者更好地将自己的精力与时间集中于"掌舵"职能，教师和管理机构在授权分权中获得自主权，改变学校管理体制现状，促进学校组织的良性运转。所以，学校管理者应转变权威意识，努力完善学校授权分权机制，建立有利于民主和谐发展的管理体制。

（四）构建合理绩效管理机制

学校科层式管理模式下，效率成为学校追求的价值，使得量化的管理方式影响了教师的创造力，因此，学校改革的重点应倾向于绩效管理的变革。随着改革的深入，学校绩效管理取得成效，在一定程度上推动了学校的发展。新公共管理理论中的一些核心观点，比如，重视绩效评估、主张实施明确的绩效目标等，给学校绩效管理改革带来了新思路。

要建立科学的绩效评价目标体系，重视评价的质量和效益才是推动教师发展、实现高校教育目的的关键。高校要改变科层式管理体制下的过分强调学校管理效率的观念，树立以质量和效率为核心的绩效管理理念。要充分了解学校目前绩效管理的现状及教师的诉求，在此基础之上重新制订一个合理的绩效评价方案，为学校绩效管理中的难题提出解决措施。在绩效评估中要加强对评估的指导、监督和调节。对绩效评估的效果进行分析，总结实践过程中出现的各种问题，以达到最佳的评估效果。

学校应不断丰富绩效评价模式，建立合理的绩效考核体系，创新教师评价模式，这不仅有利于教师评价的多元化，更有利于衡量学校各部门的工作效率。学校各个学科的教学目标、教育内容和教师个人素质存在差异，对教师的评价应根据岗位制定不同的标准，将教师进行分类评价。这种分类评价机制可以有效地构建绩效考评体系，完善学校绩效管理模式。

建立完善合理的绩效激励竞争机制。在学校绩效评价中促进奖惩结合、绩效激励，能增强学校组织的凝聚力，能激发教师的创造力，促进教师自身能力的提高。在评估之后对教师进行物质激励或精神激励，也可根据教师职业的特殊性将绩效结果与教师职称评定、专业发展等方面结合。针对考评结果优秀的教师进行奖励，也要对结果不理想的教师实施相应惩罚，如减薪、降职、调离原岗位等。需要明确的是，惩罚只是一种调动教师积极性的手段，并不是绩效评价的最终目的。学校应大胆运用竞争思维，在绩效评价体系中加入"流动"性因素，不断完善绩效考核办法，对考核合格的教师进行奖励，对不合格的教师进行调换，适当实行末位淘汰制度，充分保持学校组织的活力。

在学校科层式管理体制的影响下，要想实现教育目标，促进学生发展，就必须重视教师的作用。教师是学校发展不可或缺的中坚力量，教师能力的提升和创造力的激发取决于学校绩效考评制度的合理性和科学性。在绩效指标设计中，不仅要考虑高校的实际情况和发展目标，还要重视教师的专业发展，提升教师的认同感，发挥高校绩效考评制度的最大化作用。

第二节　参与式管理模式

一、相关概念界定

（一）参与

美国人力资源学者肯尼思·普瑞斯（Kenneth Preiss）认为，真正的"参与"应该表现为个体将自己的思想与情感大量投入团体环境之中。在这种意义上，衡量是否参与的指标不是注重"形式上的摆样子，走过场"，而是注重"思想与情感名副其实地投入"。

德国组织管理学者布鲁克（Petr Brook）对"参与"的定义是：一个组织中

处于较低层次的群体在行动上获得越来越大的自主权，能有越来越多的机会表达自己的观点、执行自己的决策权。

这些定义的深层含义都指的是拥有正式权力的人对决策权的分担。由此，我们可以认识到"参与"的两个核心要素：第一，是否为主体的身份；第二，是否产生了影响。至此，我们可以将"参与"定义为，人们以主体的身份介入某项活动之中并对这项活动的过程和结果产生某种影响。师生参与高校管理指的是，高校师生以主体的身份参加学校的管理工作并对其产生一定的影响。

（二）管理

现代管理学能给高等学校提供很多理论基础和借鉴价值。关于"管理"，这一词的概念比较广，目前，有一些研究者对这个问题有不同的观点。

有学者认为管理是以科学的方式进行社会管理，是管理主体对整个社会系统的有意识影响，根据已定目标进行运营和发展。威廉·泰罗（William Taylor）认为管理是明确的艺术，确定是做什么和怎么做，使用最好和最准确的方法。胡志明认为管理是管理机关对管理对象的影响，明确一定的目标，促进整个系统的转变。梅友圭对管理的定义是，管理是领导者的一种特殊劳动形式，它汇集了智慧劳动的各种类型，将各种设备联系在一起，使其成为一个统一的整体，协调、配合各个阶段，展开有节奏的活动并形成有效的管理。有学者则认为管理是社会系统的科学和艺术，用适当的方法影响每个要素以实现既定目标。还有学者认为，管理有定向的目的，管理主体（管理者）对管理对象（被管理人）产生影响，在组织中使组织运作并实现其目标。同时，还明确了管理活动是通过应用计划（组织）职能、组织和指导（领导）来实现组织的目标。

基于以上对管理的界定，管理是人类社会中长期存在的活动，也是社会中常见的活动。在生活发展过程中，因人类与大自然存在斗争，所以，人们需要团结、保护自己和维持生计。管理最初的表现是通过组织、指导、控制一些活动来实现共同目标。管理活动早已出现并经历了从落后社会到文明社会的整个过程，同时，管理活动也发展得越来越完善，并成为一个普遍的活动。根据管理对象可以将管理分为宏观管理和微观管理。在教育领域，宏观管理就是国家教育管理，微观管理就是学校在教育中的管理。

（三）参与式管理

参与式管理强调以人为本，与传统权威式管理的风格不同，它的基本理念就是赋予被管理者实施决策的参与权。参与式管理强调横向的组织与平行的沟通，管理者主要负责协调工作、进行沟通。参与式管理很少采用命令的控制方式，它让被管理者有机会参与管理层的决策及相应的管理过程，能提高对组织的认同感和工作的执行效果。

大学生有参与决策、参与管理的意愿，也具有一定的参与管理的能力。但大学生毕竟还处在一个心理日趋成熟的过程中，世界观、人生观、价值观还未完全定型。因此，高校学生参与式管理应该定位于鼓励学生参与学生管理工作，采用参与和指导并重及部分参与的方式实施参与式管理。管理者主动把学生当成管理的一个重要的主体，学生才能以主人翁的角色去落实和完成一些学生管理的目标和任务，从而真正达到大学生思想政治教育和日常管理的良好效果。

二、参与式管理模式的实施对策

（一）认同多元主体协同参与的理念

参与认知是参与的第一要义，是参与的前提和内在动力。目前，绝大多数大学生还没有意识到参与的内在核心，并不清楚参与学校管理是自己的一项合法权利，仅仅着眼于个人利益或眼前利益，包括锻炼自身能力、为升学或就业积累资本抑或解决目前的实际困难等，并未从宏观的学生群体利益出发去考虑高校管理问题。如果学生的参与意识不强，那最终的参与结果必然不会理想。因此，要想让学生的参与富有成效，学生首先应该明确自身的参与主体地位，增强参与认知，明确参与学校管理是履行一项合法权利和为学校尽义务，从而以主人翁的心态为学校的发展贡献自己的力量。

在高校管理中，不仅需要学生增强参与意识，学校管理者更需要从根本上转变思维、承认学生的主体地位、认同学生参与的理念，因为制度制定者的价值理念直接决定了制度本身，换句话说，学生是否有参与权、参与的程度如何，其根本在于高校制度的制定者。因此，学生的参与高校管理的必要条件是学校领导层改变传统的管理理念，承认学生参与的合法地位，认识到学生参与对学校发展的重要意义，真正认同多元主体共同参与的现代管理理念。

综合以上两点，只有当学生和高校管理者关于学生参与这一问题的认知达成一致，二者都认识到学生参与的重要性的时候，学生参与才能落到实处。但相比之下，学校方面对此问题的影响显然要更大一些。第一，学校方面掌握着话语权；第二，学校对学生有直接的引导作用。因此，高校管理者对此问题的认知至关重要，这就要求学校领导层打破传统管理理念的束缚，积极学习国内外先进的管理理念。在此基础上，高校管理者应注重参与的宣传，积极鼓励学生发表个人意见，接纳学生的建议，为其提供更多的参与空间。这样一来，学生在学校营造的良好参与氛围下自然会由原先的关注自己转为更加关注校园，从而实现学生参与管理的良性循环。

（二）完善大学生参与管理制度与运行机制

我国高校传统的管理结构是一种自上而下的管理体系，学生在学校管理层次中处于最底层，是被管理和被教育的对象，需要按照学校管理层发出的指令行动。这种管理体系往往导致学生成为一种被忽视、不被承认的力量。要想改变学生的被动和从属地位，实现学生主体参与和平等对话，必须创建一个有效的学生参与环境。在这个环境中，必须明确学生参与的机构组织制度和运行制度，其中，机构组织制度即明确规定设置代表学生利益的组织及其职责权限的制度；运行制度即保障学生通过某种渠道表达自己意见的制度。

1. 设立科学的管理系统

要根据高校的实际情况和发展特点，尊重学生的意见，建立合理有效的管理制度。同时，在管理的规划和实施上，高校的领导要听取和考虑学生团体的意见，以满足学生的诉求。具体而言，要依据大学生参与学校管理的基本法规、权利和义务，设立一个合理的管理系统，并为参与者提供清晰的法规和实施方法，以确保明白度和可行度。如果已经有学生参与的管理系统未完善，那就要按照实际来完善以符合学生的愿望和利益。换句话说，只有实现学生参与管理系统的完善才能让学生全面地参与进来。为了使学生参与学校管理能够取得好的效果，更要建立一个完整的管理系统。

（1）建立和完善学生代表大会

学生代表大会应作为学生中的最高权力机构，在民主集中制原则的基础上充分发挥其两个职能：一是代表学生利益，维护学生的合法权益不受侵害；二是引导学生积极参与学校管理，履行学生的民主权利。学生代表大会的一项重要工作就是负责广泛征集和认真审核各学生代表的提案，将其中有价值的提案筛选出来报送给校务委员会并陈述各提案的核心价值、参与讨论的有效性，然后将校务委员会的反馈结果在学生代表大会上进行公布并再次征求学生代表意见。大学生代表大会的体系需要改善，这样才能确保所有的学生都能有机会参与。要公平地选择学生代表，避免内部选择，也避免学生不满意。选择学生代表也要公平分布在每个部门，以确保将学生的意见充分传达给校务委员会。学生代表的品德也要注重培养，让其以高度的责任感参与。

（2）建立和健全管理信息的制度

学生有权通过学校的管理信息系统详细了解有关学校各个管理部门的内容和形式，这是确保学生享有的权利基础和了解清楚自己的要求来选择参与管理的部门。另外，信息公开制度要保证真实、正确和完整，这样学生参与学校管理才能有好效果。

（3）建立意见接收系统

意见接收系统是确保学生真正参与管理的基本系统之一，也是学生参与管理时有权获得咨询的基本保证。学生可以根据自己的需要，自由地表达自己的观点和内心想法，以限制和调整高校不适当的行政管理行为。校领导应充分听取学生的意见，妥善处理，并采纳最好的意见，这样可以使信息接收系统在对学生的管理过程中有效地发挥其监督作用。

（4）设立投诉系统

这是用来保护学生的权利，也是有关学生参与学校管理的具体内容。在学生参与管理活动的过程中，遇到问题、对学校管理层不满意或者认为学校行政管理侵犯了其正当权益，他们可以提出投诉。该系统是学生投诉权的基本保证，并允许学生行使对学校管理活动参与的监督权。申诉委员会需要严格规范人员构成，提高学生群体在委员会的人数比例，并邀请相关领域的专家作为委员会的成员，这样才能保障和维护学生参与学校管理的权利。同时，为了避免形式主义，要求申诉委员会对申诉事件进行全面细致的调查，给出任何结论都要做到有理有据。

（5）制定指导学生参与管理的系统

根据学校的实际情况，充分考虑学生的建议和意见，比如，参与学校管理从什么程度、什么范围和什么方面来调整。在指导学生参与管理的系统中，可以通过提供选修课来向学生传授相关的理论知识，然后通过提供实践课程来实现学生的实际体验效果。这种方法可以让学生提高知识水平和参与管理的能力。同时，也可以激励学生有效地保护自己的权益，促进自己的发展。

此外，参与学校管理的方式也很重要，要根据学生参与学校管理的需求来完善组织方法。具体体现在三个方面：其一，促进学生参加与学校校长、院长的座谈。其二，学生管理部门应坚持以学生服务为中心，做好自己的工作，并向学校的领导反映与学生有关的问题。在负责学生管理工作中，需要有专门的老师来作为协调并作为学校领导与学生之间的桥梁，处理有关的问题。其三，一些学生组织如学生会、学生协会或者一些志愿者组织等要优先考虑学生的利益并帮助解决学生参与学校管理时产生的冲突和问题，以更好地保护学生的合法权益。

2. 设立大学生参与管理的长效运行机制

在大学生参与高校的管理中，完成参与机制的建立是确保学生参与的基本条件。高校必须继续创新参与的模式，以保证学生在管理系统中的地位从被动参加转换成主动参与，从而帮助学生充分参与。

（1）完善决策机制

学生参与高校的管理，提出合理的决策是最基本的条件，也是确保大多数决策正确的前提。这样可以满足学生的要求，并提高学生对学校决定的认识。增设学生公投制度，即学校管理者在制定某项与学生密切相关又存在较大分歧的规章制度之前可采用全体学生公投的方式来了解学生意愿。虽然这种方式的管理成本较高，不适用于常规性的学生参与，但这种参与形式是现代管理体制中最直接、最民主的管理形式，也是日常管理的一种补充机制。学生公投制度能以最直接的形式对学生的集体意见进行反馈，从而纠正学校管理中可能出现的违背学生权益诉求的偏差。

（2）完善运行机制

管理者有责任帮助学生参与学校有关的管理，以确保学生能顺利参与学校管理工作，让学生参与的管理工作产生好效果。学校领导和教师在管理过程中要加强与学生沟通与交流，及时发现学生参与学校管理活动时遇到的问题，然后跟学生联系并帮助学生更好地解决问题，确保学生有序地参与学校管理。根据政策、现行规定和实际情况，高校要了解和研究具体的管理工作措施和详细的法规以确保机制有效运行。

（3）完善保障机制

保障机制的主要作用是确保学生参与大学管理的公平环境。保障机制主要包括三个方面：一是必须为参与高校管理的学生提供必要的人身安全；二是提供设备和工具并成立专业组织，即建立相应的服务组织，根据学生的需要建立合理的规章制度等；三是学校的管理者要做好自己的工作，采取适当的管理措施并提高效率。

（4）完善反馈机制

反馈机制对学生参与学校管理非常重要，它充分体现了大学生的需求。该机制主要是让学生在参与学校管理的过程中与相关部门和管理层进行对话。反馈还为学生参与管理提供了有效的重要保证。没有反馈，学生在参加学校管理时将不会参与互动。学生提出意见、个人观点是希望管理部门收到信息后进行处理和反馈，从而让自己可以了解事务的处理情况，并让自己的意见受到尊重。如此学生与学校之间的互动才能使学生参与产生重大效果。

（5）完善沟通机制

为了防止学生的声音"石沉大海"，高校可增设校长在线、校长信箱等网络沟通方式，学生可以通过电子邮件的形式直接将自己的意见或建议传递给学校领导，如此，学生的意见可直达校方，减少了中间环节，校方也能高效地收集和反馈学生意见，大大缩减了时间和人力成本。沟通机制是确保学生与高校管理者之间沟通的条件。要设立和改进学校信息官网，通过建立互动平台为学生开放相关信息，把相关信息上传到学校的官网便于学生随时下载。另外，学生的意见可以通过管理者向学生提出问题来解决，如遇到重大决策时，高校管理者可以通过问卷调查征求学生的意见，以确保决策科学性和民主性。

（6）完善激励机制

学校可以以精神和物质两种方式来鼓励学生参与学校的管理。首先，学校必须让学生承担一定的责任，责任就是让学生有"使命感"，让他们积极参与学校管理；其次，通过授予某些头衔来鼓励学生的精神；最后，录取留校工作人员时，可优先考虑参与学校管理的学生。

（三）明确大学生参与管理的权限边界

虽然高校民主管理强调学生的参与，但任何事情都有它相应的边界，绝不能因为提倡一方面就盲目而极端地摒弃另一方面。同样，学生的参与也绝不是一蹴而就、立竿见影的，尤其目前还处在探索阶段，应该根据实际情况进行小步走、酌情参与；否则，一旦出现"跨越式参与"或"超能力参与"就会导致参与失衡，引发严重后果。可见，我们提倡的是"有效参与"而不仅仅是"积极参与"。因此，明确高校管理中学生的参与边界问题就显得至关重要，这也是需要高校着重思考的问题。

针对学生参与的权限边界问题，我国著名思想家、教育家陶行知先生曾提出过几个标准：第一，以学生应该负责的事体为限，学生愿意负责又有能力负责的事体，均可列入其中；反之，亦然。第二，事体之愈要观察周到的，愈宜学生共同负责。第三，事体参与的人愈宜普及的，愈宜学生共同负责，共同自治。在依据以上三种标准确定学生参与的范围时，还须考虑学生是否有足够的经验。

上述内容在确定学生参与范围时都强调了"参与相关性"和"参与能力"这两个关键指标。因此，只有当某项参与内容与学生切身利益密切相关且学生有足够的能力承担时，学生才应该参与其中，二者缺一不可。另外，针对不同的高校事务，应该实现不同程度的参与，做到因"事"而异。例如，教学事务、学生事务、后勤事务与学生的相关性较高，对于其中学生有能力参与的部分，学校应让学生尽可能广泛地参与进来；而学校行政等方面的事务与学生的相关性不大，学生则不需要参与。

虽然学生参与存在权限边界，但任何事物都是不断发展的。学生参与也一样。学生应当不断地提升自己的参与能力，争取逐渐扩大参与范围，更广泛地参与到学校的管理之中。提升学生的参与能力需要学生和学校共同努力来实现。

学生方面，应自觉地丰富各方面尤其是管理学方面的知识储备，不断拓宽自己的眼界；要积极争取各种参与机会，在实践中锻炼自己的统筹和协调能力。

学校方面，应积极开展相关的培训，与学生分享参与的理念及相关知识，可以采取专题讲座、研讨会、专项培训班等方式；让学生自行策划、组织、实施一些综合性较强的主题活动，在实践中锻炼学生协调规划和解决问题的能力；广开言路，鼓励学生献言献策，积极采纳学生提出的对学校管理有利的意见和建议，设置适当的学生岗位让其参与学校的共同管理。

（四）培养大学生公共参与的积极态度

大学生对公共参与的态度会直接影响他们公共参与的意向，只有形成家庭、学校和社会的立体支持网络，才能更好地培养大学生积极的公共参与态度。学生公共参与既可以提升自己的综合素质，也可以帮助他人。学校是教育学生的重要基地，大学校园承担着教育大学生的职责。因此，高校可以整合社会资源，开设相关课程或组织公共参与的相关活动，如学雷锋活动、服务社区活动，通过老师或同学的经验交流、事迹分享，让同学们感受到公共参与的价值和乐趣。此外，也可以将参与公共事务与评优评奖挂钩，如参与福利院、医院的志愿活动，通过学生组织进行考评，让学生获得一定的量化分，从而提高学生走出校门参与公共事务的积极性。此外，转变大学生对公共参与的态度，不仅需要学校的努力，更需要家庭的参与。家长应从小培养孩子对公共事务参与的热情，通过参与社区公共事务，如参与志愿活动，或者带领孩子参与社区管理等活动，从身边的小事培养孩子的主人翁意识、奉献意识，从而促使其将来积极参与学校和社会的公共事务。

（五）创造大学生参与管理的良好条件

学生公共参与是有一定条件的，且在公共参与时受内在、外在条件的制约。

内在条件的制约主要体现为参与的效能感较低，因此，学生应建立自己的自信心，相信自己可以参与公共事务。可以从身边的小事做起，如给学校食堂、宿舍或教学管理提建议，或者参与爱心捐赠等能力要求较低的活动，从而增加自己参与的成就感和自信心。由于参与社区管理、行政事务有更高的能力要求，可能会让学生产生畏难心理，因此，学校可以定期开展相关的培训课程和体验活动，提升大学生参与公共事务的积极性和自信心。

外在条件的制约主要体现为公共参与信息、机会的缺乏，以及参与渠道的不畅通。学校应积极组织公共参与活动，或者是成为校内学生社团与校外公共参与组织的桥梁，让学生获取公共参与活动的信息。可以在校园网站、QQ群、微信群或专门的学生组织群发布相关消息，从而使每一个想参与公共事务的同学都能获得丰富的信息。学校既要发现公共参与的资源，也应增加公共参与的资源。既可以与社区、政府、养老院和博物馆联合开展相关活动，也可以充分发挥校内学生组织、社团的积极作用，从而增加学生参与公共事务的机会。通过整合校内、校外资源增加大学生公共参与的机会，既能提升大学生自身的综合素质和能力，也能帮助需要帮助的人。丰富的公共参与资源，可以在活动中增强学生的参与感，培养学生的道德品质和社会责任感。

第三节　服务型管理模式

一、高校服务型管理概述

（一）高校服务型管理内涵

高校服务型管理，顾名思义，就是在高校管理内部，建立一种新的师生管理体系，采用管理与服务相结合的服务型管理方式，树立以人为本的核心理念，尊重教师和学生的主体地位，坚持以满足教师、学生和相关社会部门及利益体的需求为导向，通过强化服务意识，建立并运用科学的、民主的管理方式和管理机制，提供优质高效服务。

管理理念、管理方式、管理职能、服务对象及体制结构是分析服务型管理内涵的五个方面。

从管理理念上看，管理人员要完成由管理者向服务者的角色转变，树立"管理就是服务"的理念，尊重教师和学生的主体地位，发挥服务教学的主观能动性。

从管理方式上看，管理部门的工作方式不再是传统的命令式和单方面的指令式，而是采用民主的管理方式和监督体系，充分考虑师生的需求和意见，征求广大师生的想法和建议，在管理过程中做到公平、公正、公开、透明，接受师生及相关社会部门和利益体的监督。

从管理职能上看，管理工作是为教学活动而服务的，保障教学活动和科研活动稳定有序是管理部门的首要职能。

从服务对象上看，高校的五大职能是人才培养、科学研究、社会服务、文化传承创新和国际交流合作，这就说明学生、教师及与学校有关的社会部门和相关利益体是其服务对象。

从体制结构上看，目前，我国高校实行的是党委领导下的校长负责制，其要求发挥学术委员会、教职工代表大会的监督作用，督促管理部门为师生提供有效服务。

（二）高校服务型管理特点

1. 坚持以服务理念为主导

高校打破传统的、生硬的管理方式，采用管理与服务相结合的管理方式，首先是管理人员思想理念的转变，高校的管理者不再是高高在上的管理者，而是服务者；高校的师生，不再是高校管理的对象，而是高校服务的享受者。管理人员在以人为本理念的指引下，在学校的教学活动、学生管理、科学研究、员工职称评定等方面，以服务师生、服务教学活动、服务科学研究为出发点，创新服务方式和服务内容，提升服务质量和服务水平。

2. 参与主体具有广泛性

在传统的高校管理中，学校事务的决策权集中在高校领导层，而学校的师生只能作为管理的客体，属于被管理者。在高校服务型管理中，高校的师生不仅仅是学校的被管理者，也是学校的管理者。在学校的管理中，管理人员要尊重教师和学生的主体地位，积极听取和采纳师生的意见，师生也有权利参与高校的管理、发展和建设，并且具有一定的发言权，从而保证学校事务管理决策的民主性，形成高校服务人员和服务对象共同参与、共同管理、相互合作、相互促进的局面。

3. 信息公开与民主监督

在高校服务型管理中，信息公开和民主监督是其重要特征，本着政务公开公正及服务客体有知情权的原则，高校管理部门按照相关制度规定，有责任也有义务向高校师生、家长及相关社会机构通过线上线下的方式公布详细信息，使高校的决策结果和管理政策处于公开、透明的状态。作为服务对象的客体有权了解学校事务管理，并对管理部门行使监督权，在对管理决策存在异议的时候，可以向相关部门行使申诉权。

二、高校服务型管理模式的内涵及特点

正因为高校组织具有不同于其他社会组织的特殊属性，所以，在高校行政组织体系构建过程中，高校行政机构设立的根本目标应是为高校的教学与科研服务。这种服务型行政管理模式除了具有一般公共行政服务的特征，还具有自身的独特之处。

高校服务型管理模式在理念、内容与运行模式上与公共行政服务基本相同。在理念上，是从管理到服务；在内容上，是确保公开和公正；在运行模式上，强调行政服务。与此同时，高校服务型管理模式还具有区别于一般公共行政服务的特点，即专业性、稳定性和超前性。首先，高校行政管理的服务对象主要是具有较高学识与素养的教师、科研人员及渴求知识、标新立异的大学生，这就要求高校行政管理人员除了具备一般的管理理论和技能，还要具备较丰富的岗位专业知识与专业技能，拥有及时更新知识与理念的学习与创新能力；其次，高校行政管理的服务对象主要面向的是高校师生，服务对象较为固定；最后，高等学校在社会文化方面要发挥引领作用，这就要求高校行政机构的服务内容要具有一定的及时性和超前性。

我国高等教育已经步入普及化的发展阶段，其改革与发展面临着新的要求与挑战。高校行政机构在行政管理工作中，需要转变传统粗放式的管理理念与方式，充分发挥自身的服务职能，坚持"以人为本"的理念，将高校全体师生的需求作为工作导向，强化行政管理的服务意识，为全校师生提供最优质的服务。此外，还要不断完善高校行政管理规章制度，有效规避高校行政权力的过度强化，从而推动我国高等教育事业的良性健康发展。

三、高校服务型管理模式的原则

（一）以人为本的原则

人才培养是高校履行五大职能的首要职能，以立德树人为根本任务，本质上是做人的工作，所以，应该坚持以人为本的原则。以育人为中心，一切为了人，一切依靠人，将服务放在第一位。高校作为一个机构，不论是运行事务还是开展校园活动，都要通过全方位开展服务来实现高校的职能。

高校行政服务应当坚持以人为本的原则，推动和谐校园的建设，推进各种教育要素全面、协调、可持续发展。高校的行政服务连接着校园内外各种活动，与和谐校园的建设密切相关。要使高校行政服务能够更好地发展，必须坚持以人为本的原则，运用现代化的服务方式做好组织保障、制度保障和机制保障，使服务成为高校转变职能，创新管理体制的事关全局性、基础性的教育手段和载体。

（二）统筹兼顾效率与公平的原则

在高校服务型管理过程中，以简单为基础，以行之有效为目的，遵循和谐的要求，减少不必要的中间环节，构建扁平化的行政管理组织，最大限度地发挥高校行政管理的效能，形成科学的行政管理机制。这就需要高校坚持统筹兼顾效率与公平的原则。

效率与公平都是高校所追求的价值，效率和公平的取舍与平衡影响高校行政服务能力的提升。统筹兼顾效率与公平的原则是为处理高校内部矛盾而做出的价值选择，即符合效率要求，符合教师、学生等不同利益相关者对高校的认同及公平价值的期望。通过统筹兼顾效率与公平，做到最大化保障地方高校各项职能的实现和更好发挥，不断提升管理效率，增添师生福祉。

（三）遵循高等教育发展规律的原则

高等教育有其自身发展的规律，高校职能的实现和高校的管理有着密不可分的关系。高校管理职能的发挥，必须以遵循高等教育的发展规律为前提，以实现高校职能为出发点，以实现高校教育目的为依据。高校管理目标的实现，必须有合理的管理机构和科学的管理制度。在行使高校管理职能的过程中，必须尊重高校的实际情况，立足现实，展望未来，在保持相对稳定性的同时具有前瞻性。

四、高校服务型管理模式的实施对策

（一）完善制度管理

1. 优化职能机构设置

高校的职能机构是在外部因素的影响下具有一定关系的一种形式。高校职能机构的优劣，直接影响高校职能的发挥和战略目标的实现。高校的职能机构分为管理职能机构和学科职能机构。管理职能机构是指高校党政管理部门和团体组织，学科职能机构是指学科设置的学术管理机构。管理职能机构为学科职能机构提供服务、咨询和协调。高校职能机构的变化主要包括职能机构的调整、职能机构的增减，以及职能机构之间职责、权限、隶属关系的重新划分和界定。

就目前来看，我国部分高校都设立了较多的办事机构，并且热衷于将工作细化，将内部划分为若干个机构，导致人员的不断膨胀，造成机构臃肿。这主要是由工作职能划分的重叠和混乱所致。在这方面，我们应该优化职能机构设置，也就是明确职责所在，落实责任到人。

行政内部组织结构的变革，需要优化部门设置，减少重叠，整合部门职能提高管理效率。目前，国内外都有对组织结构改革的举措，很值得借鉴。为了提高高校的综合能力和竞争水平，必须重视对职能机构设置的完善。职能机构的设置应当围绕高校办学的基本职能进行，其核心工作应当突出关键职能，行政部门不仅要实现职能机构体系的完整性，还要坚持简化、高效的原则。

2. 规范管理制度体系

规范制度体系，对于高校行政服务能力提升具有决定作用。要提升行政服务能力，必须以规范的文件规定资金保障、技术保障的范围，以确保行政人员遵守相关工作的准则。规范化管理是加强行政服务建设管理、实现行政服务建设目标的一项基础性、长期性的工作，是新形势下行政服务管理工作方式方法的创新与发展，是又好又快地实现行政服务建设的保障。

按照现代大学制度的要求，完善高校内部治理机制的基础和核心是完善党委领导下的校长负责制，避免由校长领导下的行政和学术的发展缺失方向性、指导性和目标。高校应坚持和完善党委领导下的校长负责制，确保党委在高校内部治理体系中的领导核心作用。完善高校章程，形成以章程为核心、专项配套制度为支撑的管理制度体系，健全自主管理、民主监督、社会参与的管理机制。

3. 健全高校内部运行机制

高校行政管理内部运行机制的健全完善和运行的顺畅高效，是高校行政服务能力提升的保障和基础。因此，建立高效的内部运行机制十分重要。

现代高校的内部运行机制应当包括以下几个方面：科学决策机制、权力均衡机制、综合协调机制、资源配置机制、竞争激励机制、质量监控机制、科研创新机制、后勤保障机制。高效的内部运行机制可以有效地提高高校行政服务的灵活性和适应性，以便更好地应对突发事件、临时任务及紧急情况。只有建立和完善这几个方面的内部运行机制，并且依据工作的实际需求不断加以完善和改进，才能取得更好的行政服务效果。

（二）建立健全为师生服务的保障体系

1. 树立为师生服务的管理理念

服务理念在高校中得以推广与应用，其前提是思想观念的转变。服务理念的树立，需要自上而下地推广实施。政府部门在宏观层面上给予引导和鼓励，制定明确的服务政策并确保政策得以全面贯彻执行；高校的领导层，根据高校管理政策和方针，结合学校实际情况，制定切实可行的规章制度，明确规范行政人员行为准则；高校的管理部门和人员则是高校各项政策的具体实施者，是政策执行水平和管理水平的代言人。服务理念在高校管理中的推行和优化，有赖于管理人员的实际行动。管理人员本着以服务为导向的价值观，以学校教师为本，以学生为本，充分考虑学校师生的需求。在高校具体事务处理中，管理部门按照法律规定及学校相关制度为师生做好服务工作，以高层次的服务理念和高质量的服务态度对待服务对象，并且在特殊情况下能够发挥主动性，灵活处理，从而使高校的管理更人性化。

在高校管理中优化服务理念，须自上而下全面破除"官本位"思想。

首先，对于高等教育的主管部门，在高校中推行"放管服"的理念，对高校的管理不再完全是指令式、强制性的，而是将管理权力逐渐下放至高校，扩大高校的自主管理权。在服务理念的指导下，高等教育主管部门制定的各项政策和管理方针，以服务高校为前提，最终目的是促进高校建设的进程，推动高等教育的发展与进步。

其次，作为高校的领导层，代表的是整个学校，对整个学校负责，要本着以服务学校、服务师生的发展理念，确保高校各项规章制度的制定是以高校实际情况为出发点，是以提升高校教学科研水平为方向，是以推动高校长久发展为最终目标。

最后，作为高校的管理人员，是高校服务理念的实际执行者。管理人员不再是管理者，而是高校各类活动的服务者，是为师生、为教学科研服务的具体执行者，用服务的理念对待高校管理的各项事宜，从而在高校中营造服务的氛围。教师兼具服务客体和服务主体的双重身份，服务的对象是高校的学生，而学生必须尊重教师和管理人员的服务。服务理念的持续输入，以及高校教师服务理念的实际践行，促使学生将服务理念内化于心，将来以服务的意识服务社会、回报社会。

2. 建立健全服务师生的保障体系

健全、完善的保障体系，是任何体系建立和发展不可或缺的因素。高质量的服务水平是高校服务型管理的一个重要体现，也是一个重要的衡量指标。服务水平的提升，需要完善的保障体系来支撑。

首先，在人员保障方面，必须建立一支高素质、专业化的人员队伍，为提升高校服务水平提供强有力的人才支持。系统的专业知识、扎实的工作作风、过硬的专业技能、较高的工作素养是管理人员必备的专业素质，也是提升服务水平的关键要素。因此，管理人员队伍的建设，离不开其自我学习、自我提升及高校对其进行培训。通过政治理论学习、文化学习和专业技能培训学习，每位管理人员树立真正为师生服务的意识，并切实将服务意识落实到为高校服务的具体行动上，将理论知识运用到实际工作中，提升在实际工作中处理问题的能力，提高服务水平。

其次，在物质保障方面，不断拓宽资金来源渠道，利用多元化的投资渠道，筹措办学资金，加大对高校基础设施建设的投入。办公设施齐全、教学设备先进、图书资源丰富、后勤保障到位，都是提升服务水平的重要手段，使教师的教育教学活动和科研活动、学生的学习和生活环境有强大的物质保障和技术支持，使师生能全身心地投入教与学之中。

最后，在法律保障方面，不断完善立法程序和健全高校法律法规体系，不断细化高校管理规则，以维护师生权益为出发点，明确教育管理中不同主体的权利和义务，使各项管理能够做到有法可依、有章可循，为高校服务水平的提升提供强有力的法律保障。

（三）健全治理机制

1. 创新用人选拔机制

新时代下选拔人才、使用人才的工作已经引起高度关注，并提出更新更高要求。树立新的用人理念是行政服务能力提升的必要前提。在新的形势下，要进一步创新用人选拔机制，优化人才队伍。

行政服务能力的提升要求改变过时、陈旧的用人观念，鼓励创新、竞争的新的用人理念。建立强有力的行政服务队伍，是加强行政服务的根本保证。在更广泛的范围内选拔和任用行政主体，在更广阔的视野中整合高校行政主体的人力资源，层层筛选策划能力、服务能力强的人作为提拔对象，成为提升行政主体素质的主要途径。因此，在挑选人员过程中，要打破以往高校行政主体选拔中重学历等方面的现象，在选用人才时应遵循公平、公正、公开的原则，强调行政人员对岗位的适应能力；应选拔具有较强执行能力的人员，从基层做起，逐步提高行政服务能力，培养其较强的工作技能，把在某些工作方面有特长的行政人员优先放在重要的位置上，使他们各尽其能。

没有创新就没有发展，没有创新就没有特色。创新能力是高校行政服务能力提升的关键。面对高校之间日益激烈的竞争，高校行政人员必须具备创新精神，促进学校事业的良好快速发展。大学生是充满生机和活力的新时代的代表。大学教育的一个重要目标是培养有活力、有竞争力、有创造力的人才，高校应该走特色发展创新之路。此外，高校行政人员必须与时俱进，面对大学的发展，他们可以走出一条兼收并蓄、勇于创新，以创新求发展、以创新促发展的道路。

2. 服务项目社会化

随着高校后勤社会化改革的逐步深化，高校逐渐意识到服务外包的重要性，越来越多高校根据自身需求寻求外包服务，开始由传统行政管理模式向专业管理型模式转变。高校行政服务的系列辅助性服务保障工作，选择交由专业的服务供应方承办，实施市场化、社会化、专业化、规范化管理，是为全体师生提供更优质服务的一种选择，以此来提高学校行政服务水平和服务质量。

服务项目按高校的需求而设置，服务项目需要顺应社会发展，促进共同发展。服务项目社会化是一种发展趋势，且在高校中的比例和范围也在迅速上升和扩大。除了传统的物业管理、安保，服务项目社会化逐渐扩大到高校就业指导服务、课程服务、医疗服务、培训服务等教育管理的核心方面。

服务项目社会化须遵循高校主导原则，通过外包合同明确双方的责任和权利，加强行政服务执行机制的协调和效率，以目标为导向，达到供给服务与高校管理、师生需求相匹配，以及跟踪师生在接受服务外包后所反馈的信息，后续对服务质量不断地进行优化改善，可以实现高校管理体制创新、注入市场活力、有效降低成本、优化资源配置、提供专业服务、提高管理效率等目标。

（四）强化文化治理功能

1. 强化服务理念

高校要准确把握大学治理现代化的内涵，提出与时俱进的治理发展服务理念，这也是教育主体自身的价值诉求与认同。强化服务理念既是高校行政服务能力提升的题中应有之义，也是优化大学治理的价值认同，这种认同贯穿于行政服务的全方位、全过程，有助于强化高校的治理意识，强化多元主体的权责意识，使其更新观念，扭转传统行政管理理念，改进工作作风，做到以人为本。高校要树立专业化的服务理念。所谓专业化，可以理解为按照高校行政服务的标准来提高服务师生、落实各项管理工作的效率。需要制定具有可操作性的行之有效的服务标准，明确高校管理部门对服务对象的服务要求和服务质量标准等，并利用这一标准服务体系来要求高校行政人员，使他们清晰地认识到如何正确、有效地服务，以及如何进一步掌握更为正确、有效的方法和技能，进而逐步帮助他们养成良好的服务意识。

同时，高校要将服务理念作为一种核心价值观，在高校上下，尤其是高校行政管理队伍中达成高度共识，使全体行政人员认识到服务理念对高校发展、提高高校行政服务水平的重要性，形成对高校服务理念的高度认同，并将其作为学校核心价值观和发展观，内化为行政管理队伍的精神追求，外化为行政管理队伍的自觉行动，从根本上实现专业化服务，凝聚推动发展的强大精神动力，引领高校发展。只有树立科学合理的、与时俱进的服务管理理念，才能保证高校各项管理制度更趋于人性化、更具科学性与有效性。

2. 培育良好校园文化

校园文化体现了学校的价值观念、办学理念、历史传统、精神风貌、办学特色，反映了全体师生的精神面貌、思维方式、价值取向和行为规范，它是以学校物质条件为基础的物质文化和以人为中心的精神文化的统一。因此，培育良好的校园文化、加强校园文化建设是构建和谐校园的途径。

高校行政服务文化的根源在于校园文化，高校行政服务文化的建设必须依靠校园文化的整体作用。校园文化是高校行政服务实现的文化基础，培育良好的校园文化是构建高校行政服务文化、实现学校各项政策目标的基础。要通过校园文化建设来丰富内涵，给予行政主体一种价值观导向和行动指引，在队伍中形成共识、得到认同，真正将服务贯彻落实到工作中、落实到每一处细节，凝聚起强大的精神动力，最大限度地实现文化的影响力和育人化人作用，为师生创造更佳的条件和育人氛围，使其真正成为引领服务发展的重要载体。

（五）发挥大学治理的激励功能

1. 加强效能建设

科学的评价体系，应基于多方利益共同体的现实，对主体服务能力目标的达成度进行评价考核。效能建设是采用多种措施以提高效能为目的的活动方式，是建立办事高效、运转协调、行为规范的管理体系的重要措施，是行政服务能力提升的重要内容，是一种将服务因素有机地结合起来，履行行政人员责任，以达到高质量和高效率的活动。

要把加强效能建设、改进作风建设与实际工作进行有机结合，把服务基层、服务师生作为效能建设重要工作来抓，切实提高行政服务水平和工作效率。为此，高校各行政部门的工作人员应该强化服务意识、爱岗敬业、清正廉洁、履职尽责；各部门要精简流程、高效工作、提升效能，规范完善管理制度和服务功能。要深入调研，广泛征求意见，查找工作的不足。重点整治服务态度不好、办事效率不高、工作态度不佳的问题，坚决打通"中梗阻"，坚持马上就办、一次办好，让师生舒心、省心，努力转变行政职能和作风，解决工作中存在的问题。更要增强大局意识，对工作事项要雷厉风行。要改善或创新工作方法，深入实际，深入基层，不断提高服务水平。

在新的形势下，加强效能建设必然会遇到新情况、新问题、新矛盾，高校要及时总结经验，与时俱进，把服务好师生作为一切工作的出发点和落脚点，并在实际工作中切实贯彻执行，及时补充、修改和完善制度，努力建立和完善与新形势、新任务相适应的制度建设体系，从而真正提升效能，确保工作作风持续向好。

2. 创建有效激励机制

就目前阶段而言，高校需要结合行政服务工作的具体情况，实现行政服务的科学化评价，从而真正实现行政服务的价值，充分发挥其作用，以促使行政服务能力的提升。如今，创建和完善科学、合理、有效的激励机制是高校行政服务能力提升的途径和手段。

合理、有吸引力的奖励可以激发行政人员的积极性、主动性和创造性，也是对其工作的认可。高校要建立合理的薪酬制度，适当提高行政人员待遇，让行政人员因物质需要被满足而感到自己受到重视和认可，以便他们可以安心地做好工作，更好地为学校的发展贡献力量。人只有感到有发展前途，才会有工作干劲。作为"知识型员工"的高校行政服务人员，他们除了希望获得较高的收入，还渴望获得事业上的成就感。因此，只有学校为他们提供尽可能多的发展机会，并为他们提供一个能够最大限度地提高自我价值的平台，他们的潜力才能得到更好的发挥。

创建有效的激励机制，不仅要在提升行政服务能力的过程中重视激励主体的作用，而且要依靠时代需要健全与宣传相关制度，确保激励行为的稳健运行。建立行政服务能力提升的激励制度，必须坚持信息公开、透明的原则，贯彻落实相关制度，将激励措施付诸实践。

行政服务能力的提升还应以行政人员的意愿为基础，充分考虑具体情况，要有利于调动行政人员的工作积极性、主动性，充分考虑他们的感受，让员工有归属感、幸福感，使整个群体产生亲和力和凝聚力。最为重要的是，要尽量让群体上下形成一个共同分享利益的有机体，将服务能力与利益相结合，实行具有竞争性的薪酬体系和激励机制，实施奖罚分明的激励措施，整合现有资源，实行工资与业绩奖励并行的制度，激励行政人员为提升服务水平做出更多贡献。

（六）以信息化为依托，建立完善的服务评价和监督机制

1. 建立以师生满意度为标准的服务评价机制

服务评价是指师生对管理部门和人员的服务工作做出的评价。师生作为高校管理工作服务的客体，对管理部门和人员提供服务的好与坏最具有发言权，对其提供服务的满意度是评价其服务的重要指标。具体到服务内容，每个管理部门和人员都有清晰明确的岗位职责，这些职责内容就是其向师生做出的服务承诺。通过对岗位职责进行具体的量化分解，确立量化的服务标准。师生服务评价包含多个方面，服务内容、服务态度、服务质量和服务数量都是衡量服务标准的重要组成部分。师生对服务主体既有服务过程的评价，又有服务结果的评价，服务过程与服务结果相统一。

（1）坚持线上与线下相结合的服务评价制度

师生在现场办理业务时，比如，物品损坏报修、课程设置查询、学籍或成绩信息查询、科研经费报销等，师生对管理人员能否帮其解决问题，以及在解决问题时的服务态度和服务质量做出现场评价，并且这些数据可以在后台统计查看。借助信息化技术，高校不定期地通过微信公众号、学校官方微博等信息平台发布网上问卷调查，鼓励师生全员参与对管理部门和人员的服务做出评价，对服务不足之处提出意见和改进建议，服务主体对这些意见和建议进行分析并及时做出反馈，完善管理方式和方法。线上与线下的服务评价相结合，更有利于对管理部门和人员的服务做出全面、客观、公正的评价，后台对线上和线下评价数据进行统

计，并将数据作为工作考核标准的重要依据。

（2）建立积极的反馈机制

管理部门和人员与师生的沟通是双向的，积极的反馈机制是搭建在服务主体与服务客体之间的桥梁。通过设立校长信箱等，规范反馈程序，设定反馈方式，建立服务客体对服务主体的主动服务评价体系。服务主体在接收到服务客体提出的服务评价和建议后，应积极、迅速地做出回应，有效地解答服务客体提出的问题，建立高效率、高质量的服务反馈机制。

2. 完善以师生为主体的监督机制

高校在管理过程中，要坚持政务公开，对于学校内的人事任免、教师职称评定、学生奖助管理等高校事务，师生都有知情权。互联网时代，大数据和云存储快速发展与普及，高校要以信息化技术为依托，引进信息化技术和方法，采用信息化的管理方式，利用信息平台建立完善的以师生为主体的监督机制。

高校是政府政策的执行者，是否将政策落到实处、是否从学校实际出发、是否代表了师生的利益和需求、是否为社会提供有用人才，政府、师生和社会大众都有权进行监督。高校在内部建立信息平台，内网、官网、官微、微信公众号等新媒体的运用，新媒体社交平台的搭建，有利于加强各管理部门之间、管理部门与师生之间的联系，有利于将高校的信息及时传达到各个管理部门和全体师生，便于服务主体与服务客体之间的沟通交流。充分利用新媒体、自媒体等资源，做到信息公开并及时更新，通过服务平台进行信息公布，接受学校师生和社会的监督。高校管理部门通过服务平台，第一时间将校内事务处理决策结果及信息公布于众，尊重教师、学生、家长及社会的知情权，保证学校事务的公开、公正、公平、透明，接受校内师生和社会公众对学校的监督。

增强回应是高校管理向服务型转变的一个重要表现。在出现餐饮卫生不合乎规范要求、基础设施无法满足师生需求、对高校事务处理有疑问等类似问题的时候，师生能通过畅通的渠道进行反馈。设置校长接待日，面对面听取师生对高校管理的意见，学校办公室、学校热线、校长信箱、网上留言等也是师生提出想法、表达意见、行使监督权的渠道。在收到师生的意见后，应将信息及时反馈到相关管理部门和人员，由相关责任部门或责任人及时做出回应并提出整改计划，然后进行责任追究，公布处理结果，最终建立良性的以师生为主体的监督机制。

（七）提升资源配置能力

1. 优化高校行政服务的人力资源配置

高校行政服务，不论哪个环节都需要人力资源的保障。人力资源配置贯穿于整个高校行政服务过程，起到基础性作用。如果离开了人力资源，就犹如陷入"无米之炊"的状态。优化高校行政服务的人力资源配置，主要是通过对人力资源进行合理配置，提高利用率和配置灵活性，并对这些优质人力资源进行充分挖掘，加强行政部门之间的协作配合，使人力资源配置持续最佳，从而助力高校行政服务能力的提升。

2. 优化高校行政服务的硬件资源配置

学校所拥有的办学条件在数量、质量和结构上配置和利用程度如何，不仅对学校的科研和教学水平的高低有直接的影响，而且在一定程度上体现了学校的办学实力和发展潜力。资源共享，是资源优化配置的结果，是提高资源利用率、提高投资效益的有效途径，是学校管理水平及内涵式发展的重要体现。因此，应健全以提高办学质量和管理服务能力为目标的办学资源配置体制机制和共享机制。整合高校现行的管理服务体系，实现各类办学资源的优化配置与共享，通过财务、预算管理发挥高校资源配置的作用，解决高校运行管理中保障能力不足、配置不合理、共享共用不够、服务质量不高等问题，建立起一种"责、权、利明晰，利益共享，成本分担"的学校内部办学资源优化配置制度，为建设现代大学制度提供治理基础。

重视硬件资源建设与改善，积极拓宽办学资金筹措渠道，加大对保障条件的投入力度，推动高校向现代化、国际化和信息化方向发展，聚集优质创新资源，实现全方位、高层次提升行政服务能力的重大突破。优化校区功能布局，加快校园基本建设，改善硬件设施设备，持续推动后勤服务保障能力升级，创设良好育人环境，增进师生福祉，促进行政服务能力提档升级。

3. 优化高校行政服务的信息资源配置

加强信息化技术应用是提升高校行政服务能力的基本途径。随着信息时代的迅速发展，互联网浪潮下各行各业信息化在不断推进。在这一背景下，地方高校需要进一步加强现代信息技术在行政服务中的应用。

在数字信息时代，任何大学都始终需要快速和高质量的信息流动来推动其自我转变，简化工作流程，提高效率，使教职工能够最大限度地连续获取信息，实现教学和科研，以及管理信息的收集、处理、集成、储存、传递和应用。因此，构建一个良好的信息平台，建立一个良好的数字化校园，对优化高校行政服务的信息资源配置具有重要意义。

信息化技术在高校各个层面的广泛应用，可以不断丰富高校数字化校园建设、智慧校园建设的内涵和外延，有助于高校行政管理"线上+线下"高效融合，互联互通，进一步推动行政管理改革，发挥信息系统支撑管理运行发展的作用，推进高校管理精细化、精准化。与此同时，对平台的兼容性和安全性提出更高要求，需要打破高校不同职能部门和不同系统平台之间独立运转、难以共享共通的现状，加强大数据、云计算等现代信息技术的应用，建立、完善信息化技术平台，有针对性地拓展管理服务业务，为高校提供科学、多元信息服务，提升行政服务的智能化水平。注重信息技术的更新与应用，避免技术应用开发与现行管理应用脱节，利用信息化技术实现资源的优化整合，打破各个系统平台的数据孤岛，更好地发挥高校数字化校园建设、智慧校园建设的价值。总之，以硬件为基础，加强信息化技术应用，创新现代管理手段，对促进高校综合改革、提升高校行政服务能力有重要作用和深远意义。高校必须深刻认识到这一点，以此为高校行政服务能力的提升奠定必要的基础。

第三章 高校行政管理的机制

第一节　校院两级管理的探索与实践

一、校院两级管理体制

（一）指导思想、原则、目标、思路与重点

1. 指导思想

正确处理宏观调控管理与微观放开搞活的关系，创新与继承的关系，局部利益与全局利益、眼前利益与长远利益的关系，以及改革、发展与稳定的关系。有利于实现院（系）责权利的统一，有利于调动各方积极性，加强学科建设，提高人才培养质量和办学效益，实现学校的发展战略目标。

2. 基本原则

第一，系统性原则。即运用系统原理和方法统筹校院两级管理各项举措，树立全局观念，校、院（系）齐心协力，周密设计改革方案，共同推进的原则。

第二，主体性原则。即坚持以院（系）为本、以学术为本、以教师为本的原则，推进两级管理过程中出现的所有矛盾与问题的解决，均要坚持这一原则。

第三，匹配性原则。即按照管理的效率标准与能级原理，坚持"产供销""责权利""人财物"相匹配的原则，合理划分校部机关和院（系）职能，并在事权重心下移的前提下，使院（系）拥有与学科建设和学术管理相适应的人事权、财权和物权，真正做到权责利相结合的原则。

第四，优先性原则。即行政管理保证和服从于学术管理，院（系）设置及

其管理模式、决策机制等，均应确立学科建设与学术管理优先的原则。

第五，民主性原则。即大力推进院（系）民主管理，尤其是学术民主管理，加大专家教授在校、院两级学术管理决策中的分量的原则。

第六，渐进性原则。即根据事项的轻重缓急及改革条件的成熟情况，总体规划，分步实施的原则。

3. 基本目标

学校推进校院（系）两级管理的最终目的，是最大限度地释放学术生产力，不断提高人才培养质量、办学水平和办学效益。

从现实出发，推进两级管理就是要建立适应学校办学规模扩大以后的学科建设运行新机制，充分激发和调动院（系）（含直属系，以下同）办学的主动性、积极性和创造性，加强现代大学制度建设，优化校、院两级的治理结构。具体表现为形成适应学校现代化、国际化、信息化发展框架的管理体制；形成一支高素质的教育、科研、管理队伍，院（系）成为具有生机和活力的教学科研实体，学校内部管理水平得到充分提高。

4. 工作重点

学校的管理重心由校机关职能处室下移至院（系），院（系）实行实体化运作，学校主要通过制订与实施发展规划、制定与实施政策规章、筹措与分配办学经费、监督与评估办学质量等手段，对院（系）实施宏观管理，院（系）在学校的宏观调控下，承担明确的责任和义务，享有相应的权力和利益，真正成为充满生机和活力的具有突出学术管理职能，兼顾教学、科研、社会服务和对外交流的新型学术型组织。

（二）对学校二级管理改革动因的思考

1. 人才培养定位因素

二级管理的推行，将更有利于学校技术应用型人才培养目标的实现。学校学科定位和人才培养最终要落实到课程体系的设置与教学内容上。二级学院设立后，各二级学院应依据学校的办学指导思想和人才培养目标定位，根据自身特点，确定自身的发展目标定位，并以此为基础，建设所属各专业的课程体系和结构,保证教学内容的先进性和一定的超前性,最终实现技术应用型人才的培养目标。

2. 规模因素

随着学校规模的日益扩大,不便于直接监督和管理。于是,学校探索实行二级管理,开展间接管理,把行政事务权下放至各二级学院,并定期开展督导。

3. 教学质量保障因素

学校的根本任务是培养人才,人才培养的质量是学校的生命线。随着学生规模的日益扩大,在一级管理的组织体系下,教学质量监控难以有效开展。而在二级管理架构中,二级学院作为学校内部管理体制中处于枢纽地位的机构,必须也能够有效地对教学质量进行监控。学校希望通过二级管理改革,搭建校、院两个级别的教学质量保障体系,更加有效地监控教学质量。

(三)基本内容与措施

1. 校院职能

(1)校部的职能

改革后,校部各职能部门要逐步淡化微观管理职能,强化监督考核和服务职能。具体职能为:第一,制定学校的总体发展战略与规划,制定学校的阶段性计划和发展目标并监督实施;第二,制定和颁布学校的各项宏观政策与规定;第三,定期汇总并分析本部门的信息,为校领导提供科学准确及时的决策依据;第四,开展调查研究,为院(系)运行和发展提供必要的服务和咨询;第五,组织建设和管理全校性公用教育资源及跨院(系)的综合性核心课程和跨学科的研究中心;第六,对外联络;第七,统筹规划全校的教学科研、师资建设、人才培养、党建思政、学生管理、校园文化、公共关系与公共形象、后勤保障等工作;第八,对院(系)教育质量和办学效益实施监控与评估;第九,根据校务公开的要求,定期组织召开校情通报会。

(2)院系的职能

院(系)具体职责为:第一,根据学校总体发展战略,制订并实施本单位发展规划及年度发展计划;第二,决定本单位的教学科研组织形式;第三,负责教师队伍建设，在学校核定的编制数额和各级职务比例内确定教职员工岗位设置，聘任教职员工，考核应聘者的工作业绩；第四，在学校指导下，具体负责本单位的学科建设、师资队伍建设、国际学术交流及教学科研、人才培养、党建与思想政治工作、学生管理及其他日常事务性工作等；第五，在国家和学校政策法规范围内，积极开展院（系）间、院企间、院（系）与社会间的合作办学和科技服务，提升院（系）的造血功能，提高办学质量和办学效益；第六，制定内部财务制度，在执行预决算制度的基础上，在财务、审计部门指导与监督下，自主支配本单位办学资金；第七，定期召开院情通报会，做到院务公开。

2. 校部职能调整与改革

根据上述校院两级机构职能的界定，校部各主要职能部门进行事权梳理，明确本部门需要增设、保留或下放至院（系）的事权，使校部的职能清晰化。校组织人事领导小组要做好校部各职能部门的功能界定和岗位职责界定工作。

与事权下放相匹配，校部下放相应的人事权和财权。

人事管理：实行分类分层管理。校人事处根据教学、科研和管理工作的需要，核定全校教学、科研、专任技术、教学科研辅助、公共服务、党政管理等不同类别人员编制规模和岗位结构比例，按学科建设的需要，分类定编定岗。校部与院（系）分别行使相应的人事权。

财务管理：在定编定岗和划分事权的基础上，制定财务两级管理制度。校级财务对资金实行集中管理，各院（系）开展各种教学、科研及社会服务等活动取得的收入，全额纳入学校的预算管理。同时，扩大校级经费向院（系）下放的比重，将院（系）自主创收资金纳入预算管理，既提高创收资金使用的透明度，更引导院（系）将自主创收收入用于院（系）学科建设和师资队伍建设。校财务处对院（系）财务实行"两公开一监督"制度，即预算公开、决算公开、财务处实施监督。

学生事务管理。研究生部的研究生管理下放到院（系），纳入院（系）学生事务管理体系，由院（系）统一进行管理。

校院两级管理体制正式运行后，学校对院（系）的管理主要体现为规划、指导、服务、监督、协调。校部要加快完成四个方面职能的转变。即从微观管理转向宏观管理、从事务管理转向政策管理、从过程管理转向目标管理为主、从审批管理转向服务管理。学校主要依据校、院双方签订的目标责任书对院（系）整体工作及其领导班子进行年度和任期考核，考核结果与本单位相关利益直接挂钩。

3. 院（系）的学术管理与行政决策

（1）建立健全院（系）学术事务与行政管理议事与决策机构

建立院级的教授委员会作为有关学术问题的议事和决策机构。赋予院（系）教授委员会主要职责审议和决定院（系）学科发展规划；审议和决定院（系）的教学、科研及对外学术交流等重要事项审议和选聘院（系）学科带头人和学术骨干，审议和确定院聘教师岗位。按有关规定，审议专业技术人员聘任事项，审议和遴选硕士研究生导师和博士研究生导师；审议院（系）当年各类毕业生的学位事项，并向校学位委员会提出授予学位的建议；审议院（系）学科建设的资源配置与经费预算及调整项目；审议和决定行政负责人认为有必要提交议定的其他重要事项。

调整充实院（系）领导班子为日常行政事务决策和执行机构。根据德、勤、能原则调整、充实院（系）党政领导班子。正副院长根据学校工作部署和指示精神，结合本院（系）实际情况，处理好日常行政事务工作；分党委（总支）正副书记，保证监督党和国家的教育方针、政策及学校各项决定在本单位的贯彻执行；充分发挥基层党组织的政治核心和战斗堡垒作用；负责院（系）思想政治工作、学生工作、基层党建工作和纪检工作。

建立以院务委员会为院（系）行政事务决策机构。院务委员会由院（系）正副院长、正副书记、系主任或学科组负责人组成。

（2）建立和完善院务议事和决策制度

建立院学术事务会议制度。与学科建设、学术、学位、职称职务等有关学科建设和学术管理的重要事项，应由教授委员会的各类学术事务委员会根据学校和院（系）有关规定讨论决定。根据需要，由教授委员会主任委员非定期召集。

完善院党政联席会议制度。对日常行政事务进行讨论和决策。一般应每周召开一次。

健全院务会议制度。对本院（系）非学术性的重要事项进行讨论和决策，一般每月召开一次。

二级教代会。二级教代会是院（系）实行民主管理、民主监督和教职工维护自身权益的重要形式。教职工人数没有达到一定规模的院（系），可由全体教职工大会替代二级教代会。二级教代会或全体教职工大会每学期至少召开一次，对院（系）预决算及其他重大事项进行审议。

（3）其他事项

院属系、学科组或课题组等，是院（系）的基层组织，负责组织落实教学、科研工作，以及其他相关事务管理，一般没有人、财、物等资源调配权。

研究中心（所）。按照有利于组建学科群，有利于培养复合型、创新型人才，有利于充分利用人才资源的原则，原学校管理的研究中心（院、所）除重点研究基地由校、院共管，校管为主外，其他原则上改为院（系）管理。

（四）对当前存在的主要问题及出路的思考

第一，以二级学院为枢纽、赋予二级学院自主权的管理模式，还需要不断积累实践经验。学校的二级管理改革仍然处于起步阶段，校党委在赋予其自主权方面比较审慎。在分权方面，学校秉持"解放思想、审慎安排、效率优先、保证公平"的原则。学校在二级管理改革方面的制度设想，还需要实践经验的验证。

第二，进一步探索责任制的保障机制。尽管学校已经对各职能部门提出了变"管制"为"服务"的要求，但职能部门在"提供哪些服务"，以及"如何提供服务"等方面，还需要继续探讨。

第三，进一步协调二级学院之间的关系。学院之间的协调是提高整体办学实力的有效保证。在学校推行二级管理改革的过程中，二级管理组织体系得以建立，各二级学院的内部运作也能够顺利展开。但是，学校意识到，如果二级学院的独立性过于明显，行政协调力度在一定程度上会受到削弱，这不利于高校内部的信息和资源共享。而且，目前学科交叉和渗透不断加大。因此，学校指出，学校内部各二级学院在办学上要取长补短，发挥聚集功能，这是不断提高学院办学实力的有效手段。而资源共享、经验交流和探讨，是实现办学能力不断提高的有效方式。另外，通过资源整合形成一些新功能，在一定的条件下会胜过资源创造的能力。因此，学校正积极开展研究，以期实现各二级学院之间在独立的基础上，实现既竞争又合作的态势。

第四，在校系两级管理组织结构的基础上，积极探索建立学院制管理的组织结构。学校的二级学院已组建完成，各二级学院也已投入运行，二级管理体系已取得了成果。但是，二级学院内部如何搭建组织结构，以顺畅地开展工作，还是一个值得继续探讨的问题。

第五，学校监督、监察和审计等职能需要加强。不受监督和制约的权力导致的腐败，在社会上比比皆是，高校二级学院权力的行使同样需要监督和制约。学院的内部民主监督和制约是一个保障，但学校的外部监督和制约也必不可少。学院虽有了较多权力，但它并非独立的法人机构，作为办学法人实体的学校，仍然要在专业设置、学科建设和人事录用考核上进行总体规划，并对二级学院的办学、人事和财务等方面进行监督检查，且遵循公开、公正、民主、科学的原则。

随着理论和实践的不断突破，学校有能力、也有信心克服二级管理改革中的问题，不断深化二级管理改革，实现学校的科学发展。

二、校院体制下的权责重构

（一）进行学院制改革的过程和动因

1. 加强学科建设

高校从本质上讲，是以学科为基础和核心的学术组织。高校组织的活力不是来自高校，而是来自学科。高校应该根据高校组织的这一特征进行管理。因此，管理重心必须放在学科上，而学科的具体负责实体是学院，所以，高校管理重心必须下移到学院。如果管理重心在学校，学科只能是虚体，学科只有责而没有权，责权不对称，其结果只能是压抑学科活力。

2. 管理效能和教学科研资源共享

校领导直接管理的幅度有限，不可能有足够的精力、时间对下属每个系与部实行有效的领导和管理。校、院两级管理刚好弥补高校管理的这种不足。学校贯彻党的教育方针和办学方向，依托学院的管理来实施。高校培养合格的高级专门人才、发展科研，以及为社会服务的基本任务，主要通过学院的工作来实现。教学质量、科研水平、学科建设、师资力量等，反映学校整体水平的各项指标，主要依托学院的积极努力来提高。大量的教育管理工作主要依靠学院来完成。实行学院制改革，在一定程度上可以减少非教学科研人员的数量，减少学校支出，降低办学成本。

3. 高校内部管理改革使学院获得了历史性生存空间

从高校面临的现实内外环境看，20世纪80年代中期开始，我国兴起区域性高校合并、合作和联合办学，高校管理改革覆盖从教育教学资源整合和办学条件优化，到"巨型"大学和新型管理结构的方方面面，涉及国家高等教育管理体制，以及高校内部管理制度的全面调整，改革因而显得更加深入、综合和复杂。从社会学角度看，持续的公平与效率改革，有利于高校在市场化过程中增强基本生存能力和适当的竞争能力。从结构学角度分析，这样的改革激活了学科这一大学内部重要的管理要素，尤其是在大众化教育进程提速、大学规模不断扩大的前提下，大学源于学科建设与发展需要而实行学院制内部结构改革，更是方兴未艾。

（二）二级学院制下的职责范围

1. 人事管理

（1）领导干部的任命

二级学院根据自身需要，向学校提出申请，提出副院长、专业主任和研究机构负责人选，院总支协助党委考察，报学校党委批准后，由学校任命。

（2）核定编制，聘请人员

根据学院核定的人员编制和教学、科研任务，合理分配专业与教研室人员编制；负责本院教职工的聘用、辞退和人才引进，聘请顾问、教授、客座教授和兼职教师，聘用科研和教辅人员，制订毕业生留校计划，报学校批准。

（3）岗位设置

根据学校确定的专业技术职务结构比例和职务岗位数额，决定各级专业职务岗位设置和评审方案。

（4）考核

配合学校人事处执行考核。

（5）招生

根据学校招生计划，合理安排各专业招生人数，以及本、专科人数比例。研究生的招生、培养计划、新增硕士生导师资格、研究生学位资格，各专业（研究生方向）研究生招生人数，由研究生部负责。

2. 教学管理

第一，专业管理：根据学科发展及社会需要，改造、调整和全面规划本院专业及专业方向。

第二，教学计划：组织制订并落实全院各专业教学计划。

第三，课程管理：编制和安排课程；选择教材。

第四，教学质量监控：负责检查和监督各专业教学质量；定期开展教学评估。

第五，学籍管理与毕业：负责全院学生的学籍管理和招生就业；审定学生转专业，负责学生奖学金的审定；审核学生毕业、结业和就业等资格。

第六，合作办学：组织全院教育人才，对外争取合作办学。

第七，设专业主任助理：协助主任管理日常事务。

3. 科研和社会服务

第一，组织全院科研人才，对外争取重大科研项目。

第二，指导和帮助各专业教师争取科研课题，搞好全院科研课题及科研成果管理工作。

第三，抓好全院的学术交流，重视国际学术活动，不断提高学术水平。

4. 行政管理

第一，抓好院级各类计划外办学。

第二，负责全院人事和日常事务管理，文件资料、接待、考勤、后勤、教务管理和会务管理。

5. 财务管理

第一，全院教学行政经费由学院统一管理，根据承担任务的不同情况，合理安排下达，包干使用。

第二，院内创收经费由学院统一管理，分户列账核算，创收金额，除按毛收入的30%提取管理费外，按税务规定及学校有关规定结算后，归创收部门所有。

第三，全院教职工奖金分配实行校、院两级发放制度，院内所属管理人员的奖金由院负责发放，津贴由学校统一发放。

第二节 高校领导力建设

一、高校的领导力建设

(一) 概念解析

1. 管理还是领导

领导是领导力概念的核心部分，明确领导的准确含义，是新建本科院校领导力建设的逻辑前提。在多数语境下，领导概念是和管理概念不加区分的。事实上，两个概念本身也确实有很大程度的重合；但严格来说，领导与管理还是有些细微的区别。

当代著名领导学家哈佛大学约翰·科特教授（John Kotter）指出，管理是计划、预算过程的确定和详细的日程安排，调拨资源来实现计划，而领导是确定经营方向，确立将来的远期目标，并为实现远期目标制定进行变革的战略。为了更好地说明这一区别，科特做了一个非常形象的比喻：一群工人在丛林里清除矮灌木，他们解决的是实际问题。管理者在他们后面拟定政策，引进技术，确定工作进程和补贴计划。

除了层面的不同之外，领导与管理的区别还体现在运作指向上。领导活动指向未来，追求变革与创新，而管理活动更多的是指向现在，追求秩序与一致性。对新建本科院校来说，理想的校长应该是领导型的管理者。作为一个新建本科院校的校长，既要善于管理，又要善于领导。

2. 职位影响力还是个人影响力

有学者认为，领导者的唯一定义是他的身后有跟随者。在管理学界，人们也越来越倾向于把领导力定义为一种影响力。对新建本科院校的校长来说，领导力的一个基本标志就是自己有多大的影响力，自己的管理意图能够在多大程度上为全校师生员工所接受和贯彻，自己的发展理念能够在多大程度上影响人们的行为和学校的发展。

一般来说，影响力有两种：职位影响力与个人影响力。前者与等级链条中的某个节点紧密联系。在其位，则有其力；不在其位，则失其力。后者与个人的人格魅力紧密联系，是由于某种人格特质而产生的一种影响力，与所处职位无关。作为一种学者云集的教育场所，新建本科院校的校长的影响力更多的是来自自身的人格魅力，而不应该是仅仅来自职位权力。由于人格特质不同，完全可能出现处于相同等级链条上的两位领导的领导力大相径庭的现象。

3. 传统权威还是法定权威

有学者指出，任何组织都是建立在某种权威基础上的。传统权威，来自风俗、惯例、经验、祖训等，下级对上级的服从主要取决于他们对某种传统规则的尊崇，传统权威的本质是"顺从"。法定权威，建立在相信规章制度和行为规则的合法性基础之上。法定权威以规则为统治的出发点和最终的归宿点，只有根据法定规则所发布的命令才具有权威，人们普遍遵守规则、信守规则，规则代表了一种大家都遵守的普遍秩序。法理权威的本质是"理性"。

作为现代大学的校长，必须具有法治意识，自觉地把自己的行为严格限定在法律允许的范围内，个人魅力的发挥才不至于迷失方向，保证自身的领导力不断得到完善和加强。

（二）人性假设

不管有意还是无意，领导者的所有领导行为都是建立在对领导对象的人性的某种假设的基础上的。正是由于对人性假设问题的不同理解，才产生了不同的领导风格。从根本上说，领导力的大小，正是基于人性建设的正确与否。从领导思想发展史的角度，共有四种典型的人性假设。

第一，"经济人"假设。英国古典政治经济学的杰出代表亚当·斯密（Adam Smith）认为，人是经济利益的追求者，本质上是自私的，是受利己心驱使的。人们主观上对经济利益的追求，会在客观上造成质量行为的出现。"经济人"的本质是理性人。

第二，"社会人"假设。哈佛大学的梅奥（Elton Mayo）教授认为，经济利益的获得与作业质量的改善，并不是一一对应的线性关系。除了经济利益之外，人们往往还有社会、心理的需求。管理的关键在于提高管理对象的满意度，提高其士气水平。"社会人"的本质是情感人。

空想社会主义者罗伯特·欧文（Robert Owen）在 19 世纪初提出了"环境人"的人性假设，认为人是环境的产物，管理的关键不是消极地监督、惩罚管理对象，而在于营造一种环境，潜移默化，但却是根本地改善管理对象的作业行为。

第三，"自我实现人"假设。这种人性假设认为，除了社会需求之外，人们还有一种想充分运用自己的能力、发挥自己才智的欲望。总是希望做成一件自己力所能及的事，追求一种成就感与胜任感。所以，人是自动、自发而且能自我克制的，外在的命令、控制，有时反而会引起反感，使人感到是一种威胁而无法适应。

第四，X-Y 理论。20 世纪 50 年代，麦格雷戈（McGregor）对历史上的人性假设做了概括与总结，提出了 X-Y 理论。X 理论是从悲观否定的角度来看待管理对象，认为人们天性是逃避工作的，没什么远大抱负，怕负责任；Y 理论从乐观与肯定的角度看待管理对象，认为人并非天生厌恶工作，在适当的条件下，不仅接受而且实际上会主动地寻求责任，充分发挥其潜在能力。

（三）领导力建设的基本内容

1. 决策能力

管理就是决策，决策活动贯穿在管理活动的始终。作为一名决定学校未来发展方向的领导者，其日常工作的核心部分就是决策。因此，决策能力是新建本科院校领导力建设的首要内容。决策能力首先表现为一种预测能力。对新建本科院校的校长来说，必须对教育发展趋势保持高度的敏感性，仔细研究国家与区域层面教育政策的最新精神，了解兄弟院校改革发展的最新动态，消化吸收教育理论研究的最新成果，创造性地借鉴企业界领导实践的成功做法。要做到这些，必须保持一种持续学习的能力。学习能力的高低取决于智商（IQ）、情商（EQ）、创造商（CQ）、执行商（XQ）。

配合默契程度，其中，智商决定人的主张、判断、选择等优劣，而情商影响上述各项，创造商是人创造出主意的机关，执行商是负责执行新主张。这四个商相互联系、渗透，共同决定个体学习能力。因此，要重视智商、情商、创造商、执行商的培养，以提高自己的学习能力。

学校提出了"贴近学业、贴近产业、贴近就业，培养知识型高技能创新人才"的人才培养目标，明确提出了某工业大学将在高等教育大众化发展中，坚持走多层次高等职业教育之路，切实承担起发展大学职业教育的历史使命。在实践过程中，努力做到四个坚持，即坚持面向主战场、培养工程技术应用型人才的目标；坚持产学研合作的办学特色；坚持率先改革、勇于创新的精神状态；坚持在工程技术教育中争当排头兵。学校根据定位谋发展，从创新人才培养计划的制订和实施、实验室和校内外实训基地建设、高技能师资队伍建设、教育教学质量保证、考核分配体系导向、保障服务机制等各个方面，已形成完整的配套制度和措施。

2. 战略管理能力

新建本科院校的校长的工作指向是学校的长远发展。因此，还应该具有足够的战略管理能力。战略管理能力，在企业界已经是研究得颇为深入的课题，形成了许多研究成果。这些成果可以对新建本科院校的战略管理提供有益的借鉴。

首先，必须明确战略的准确含义。一个构想良好的战略，至少应该包括业务范围、资源配置、竞争优势与协同作用等四个方面。

其次，适当引入企业界战略管理的成功做法，提高新建本科院校战略管理的科学化水平。可以引入 SWOT 分析方法与 BCG 矩阵，对各院系进行战略事业单位（SBU）分析，从学校整体的角度分析确定各院系的发展战略，站在学校整体的高度对各院系进行有效协同，形成学校的核心竞争力。

3. 公共关系能力

作为一种本科教育中与社会联系更加紧密的教育类型，新建本科院校领导力建设的另一个重要内容，是公关能力建设，着力塑造良好的公众形象。新建本科院校的校长，应该与教育行政部门建立良好的互动关系，准确把握教育政策的操作含义，创造性地演绎上级主管部门的政策意图；也要定期拜访企业、社区与行业协会或中介组织的负责人，条件成熟，可以尝试建立学校发展理事会，邀请企业技术骨干、社区及行业协会相关负责人，就学校科学发展的重大问题建言献策，搭建学校与社会良好互动的平台，自觉主动地融入社区，自觉主动地贴近就业办学，想政府所想，急企业所急，提升自身服务社会的能力和水平。

二、干部队伍主体建设

（一）坚持和贯彻科学发展观，加强班子队伍建设

1. 把握学校的办学方向

学校的根本任务是培养人，中国特色社会主义建设需要数以千万计的专门人才和高素质劳动者。这就要求学校领导班子从办好教育关系国家兴亡的高度，深入思考如何办好人民满意的教育这个课题。同时，要深入研究学校发展中的矛盾和问题，研究高等教育发展规律和办学规律，创新教育思想、教育目标、教育制度和教育管理，丰富和发展高等教育理论，使学校领导班子成为高等教育的行家。

加强学校领导班子的理论学习，是班子队伍建设的核心内容。把学生培养成为社会主义事业合格的建设者和可靠的接班人，需要从领导班子到任课教师，都要重视思想理论的建设和学习。保证各级干部的思想建设，就保证了学校的办学方向，保障了学校人才培养目标的实现。

2. 重视德育教育，把握人才培养的目标

通过学习，学校领导班子深刻认识到，大学一定要把德育工作放在首位。学校认真贯彻国家教育部关于思想政治理论课的改革，积极落实各项课程的教学方案，通过第一课堂确保党的理论、方针和政策在大学生中得到贯彻。同时，积极推进思想理论课实践环节的教学，使第一课堂和第二课堂形成良好的互动。

学校领导班子还十分重视辅导员队伍建设，大力推进辅导员队伍的专业化、专家化建设，通过思想政治专业技术职务聘任制度实施、心理健康教育与咨询区域示范中心建设、思想政治教育研究平台的搭建、加强职业素质、能力和资质培训等政策和措施，为辅导员队伍建设工作提供了体制和机制保障，营造了各级领导重视辅导员队伍建设的良好氛围，使辅导员队伍建设工作收到了良好成效。学校经过几年的努力，已形成了一支素质优良、结构合理、专兼结合、专职为主的辅导员队伍。

3. 推进全员育人，营造人才培养的良好环境

学校积极推进全员育人工作，在全校教师和干部中推行师生联系制度，要求每位教师和干部联系 2～3 名大学生，关心指导大学生成长，帮助大学生解决学习、生活和就业中存在的各种困难。通过师生联系制度的实施，在全校教师上下形成了以育人为中心的良好氛围，在就业形势十分严峻的情况下，学校连续多年保持了较好的就业率，毕业生受到了社会和企业的欢迎。

（二） 以破解学校发展难题为重点，加强班子能力建设

1. 加强科学决策，提高班子驾驭全局的能力

一是重视班子的民主决策程序，实行重大问题由领导班子集体决策，提高决策效率。决策中遵循教育教学规律，以师生为本、以教学为中心、以科研为先导、以学科建设为龙头，正确处理好工作重心与工作中心的关系，处理好人才培养、教学工作与其他工作的关系。

二是针对学校发展的难点和焦点问题，经常深入教学第一线，深入实际，倾听呼声，了解师生意愿，集中师生智慧，厘清工作思路，把握工作重点，创造性地开展工作。

三是切实重视师生的利益。凡是涉及教职工、学生利益和实际困难的事情，竭尽全力办好。

四是充分发挥教代会、工会与各种教师团体和学生团体在决策中的作用，充分听取他们的意见，使学校班子的决策更加民主、更加科学和更加合理。

2. 明确工作重点，提高领导学校发展的能力

当前，学校正处于发展的关键时期，也正处于一个重要的转型期。主要表现为以下三个方面：

第一，学校面临着整体搬迁，不仅有校园建设资金的压力，更有大量的思想政治工作要做；第二，学校正在大力拓展学科建设，多学科协调发展还需要进一步巩固和提升；第三，学校人才队伍建设和人事制度改革还需要不断深化，尽管学校的师资总量已有所增长，但质量和结构的提升与转变，仍然是一个非常艰巨的任务。

面对这些问题，学校领导班子逐一进行研究，制定相应措施。

首先，大兴调研之风，班子成员每学期都要到学院进行一轮调研，参与学院中心组的学习和讨论，针对各学院发展中的突出和关键问题，指导各学院开展工作。

其次，在全校各个层面中，开展各种形式的研讨和座谈会，针对教学、科研、人才队伍建设、职务聘任与考核、服务社会等多个专题，集中全校教师与干部的智慧和力量，推进各项工作的深入开展。

再次，针对各项重大工作，如搬迁工作、校庆工作等制订专门方案，成立专门机构，确保顺利实施。

最后，在重大问题的决策过程中，充分调动和凝聚各方的力量，发挥各级工会、共青团组织和离退休教师的作用，形成推动学校发展的重要合力。同时，学校根据社会发展的需要，不断调整专业与学科结构，积极服务社会，主动融入经济和社会建设，在服务社会中积极争取政府、企业和社会各界对学校发展的支持。

3. 抓住发展主题，提高处理解决复杂问题的能力

为强化发展意识，在全校树立这样的理念：一是不进则退，慢进也是退；二是要用发展的眼光看待发展中的矛盾，用发展的办法解决学校发展中的问题；三是要解放思想，实事求是，与时俱进，开拓创新，抢抓机遇；四是厘清发展思路，明确发展方向，通过集思广益，科学合理地确定各阶段发展的主要任务。

学校推行了新一轮教学改革、人事制度改革、考核与分配改革，并在全校推行任期目标责任制，通过不断深入推进综合改革，充分调动了广大教职工的积极性和主观能动性，使各种深层次的问题和矛盾得以有效解决或缓解，为学校发展营造了一个良好的外部环境和氛围。

（三）以制度建设为抓手，完善班子决策机制建设

坚持民主集中制，坚持集体领导、民主集中、个别酝酿、会议决定，这是领导班子制度建设的核心。

第一，坚持和完善党委领导下的校长负责制，坚持党委统一领导，书记"统揽不包揽，放手不撒手"，支持校长依法行政，相互配合支持，团结共事。

第二，切实发扬民主，让每位班子成员充分发表自己的意见，正确处理好正职与副职之间的关系，使领导班子成为既有分工又有合作的整体。

第三，不断建立和完善科学、民主、高效的内部议事规则和决策机制等民主集中制的各项领导制度及工作制度，从制度体系上有效地保证民主集中制的正确执行，提高学校领导班子的科学决策水平。

第四，以民主生活会为重点，严格学校领导班子内部的政治生活。坚持学校领导班子民主生活会制度，不断提高民主生活会质量，形成"心齐、劲足、气顺"的良好局面，促进班子的团结和整体效应的发挥。

在实际工作中，学校要抓住四个方面的制度建设：

一是坚持重大问题由校领导集体讨论的制度，健全党内组织生活制度和民主生活会制度。

二是加强班子的团结协调，正确处理好贯彻民主集中制原则中的各种关系，在制度中要求班子成员做到相互补台不拆台、相互支持不扯皮。

三是大力推进校务公开、政务公开，制定信息公开制度，明确公开内容、程序和方案，重点推进干部任命、职务聘任、考核分配等各项政策、制度实施程序及其结果的公开。

四是加强民主管理、科学管理，不断推进校、院两级管理体制建设，充分调动二级学院自我管理、自我发展的办学积极性和主动性，不断提高二级学院的办学活力。

（四）从实际出发，确立并校之初干部队伍平稳过渡的工作原则

并校初期，干部情绪不稳、波动明显，干部问题棘手、复杂和敏感。干部不稳则学校不稳。面对合并、磨合的繁重任务，学校党委确定了"抓住机遇、稳中求进、稳中求变，有所为有所不为，适应合并、适度发展"的工作方针，稳定学校干部队伍，强调既要树立大局观点、增强一校意识"推掉山头"，又要承认现实、平衡关系，并适当"考虑山头"的工作思路，有效地保护和尽力调动干部的积极性。

机关层面。学校刚刚合并，民主推荐的时机尚未成熟，处理不当，还会诱发小团体意识。党委及时采取措施，整合机关干部。

第一，学校合并使原学校的副校级干部从原来的校级岗位改变为中层干部。

第二，进行自选转岗，鼓励部分干部从自身实际情况出发，慎重选择新岗位。鼓励具备教学资格的干部归队，保留职级。

第三，实施分流待退，精简人员。制定并推出切实可行、以人为本的待退休制度。

第四，提出并实施"先组合、后优化，尽快到位、良性运转"的原则，从合并初期的实际情况出发，先确定以副代正，主持各部门工作的负责干部。

以上措施保证了干部队伍的平稳过渡，确保了学校各项工作的正常延续，实现了"思想不乱、队伍不散、工作不断"。

系部层面。按照优化组合、归并提升的思路，对原学校的专业，根据本科院校学科专业设置，党委按照有关条例，对系部干部进行整合。

第一，组织调查小组，对原学校的系部党政负责干部进行测评，并推荐书记和主任的人选。

第二，在校内公开招聘干部，党委委员集体逐个听取应聘者的自我介绍和工作思路。

第三，根据民主测评和民主推荐的情况，在充分听取意见和考察的基础上，确定各系部的党总支书记和主持工作的常务副主任，并在院内首次采用任前公示的做法。在系部党政班子组建工作中，由于各系和教学部门，始终把稳定合校过程中的教学秩序作为重要工作来抓，从而保证了各校区教学工作的正常、稳定。

（五）拓展干部培养渠道，不断完善干部队伍建设

发挥党校优势，开展持之以恒的教育。一是岗位培训，新上任的干部必须进行岗位培训，让他们知道做干部的基本知识。

二是任期培训，坚持干部在任期内必须进党校集中学习的制度，举行专题研讨班和培训班，了解党的路线方针和学院重大改革政策，引导干部围绕学院改革和发展全局，同心同德，努力工作。

三是工作交流，头脑风暴，及时总结各部门先进经验，组织干部在不同层面进行交流，以点带面，共同提高干部水平。

四是借助上级党校的资源优势，培训干部。

轮岗锻炼，培养干部。为落实改善干部结构的目标，党委积极鼓励优秀教师应聘各级领导岗位，并给予政策上的倾斜。为提高干部的综合素质，党委坚持多岗位培养干部，让干部在不同岗位积累经验，丰富工作阅历、开阔眼界。

挂职锻炼，在实践中考验干部。一是外派挂职锻炼，赴兄弟高校、各类企业和政府机关等，在全新的岗位上丰富领导工作经历，在复杂的环境中增强破解难题的能力，着力提高处理复杂矛盾和解决实际问题的能力。二是担任部门正职助理，以及校内挂职锻炼，了解和熟悉校情，学习管理方法，提高观察问题、分析问题和解决问题的能力。三是直接参与学校重大任务，在最艰巨的一线磨炼坚韧不拔的意志，提高应对突发事件的能力。

创造条件，国外进修。干部走出国门，学习和感受国外先进的办学理念与管理手段，开阔眼界，拓展思路，提高对工作的前瞻性思考和对有效性的把握，并与自身业务水平和科研能力提高结合起来，获得双赢。

（六）严格任用程序，为建设高素质干部队伍提供制度保障

党委坚持"党管干部"原则，把"集体领导、民主集中、个别酝酿、会议决定"的原则，落实到任用干部的各个环节。党委会讨论干部问题时，要求每一位常委充分发表意见。在形成干部任免方案的过程中，充分听取党委和行政分管领导的意见。在将拟任人选提交常委会前，召开纪委和组织部联席会议，就拟任人选的廉政建设提出意见。在决定任免时，采取票决制，尤其是对中层党政正职的全面聘任或任命，始终坚持由党委全委会无记名投票表决确定。

1. 发扬民主，规范程序

具体实施中，重点把握以下三个关键环节：

第一，注重群众意见。党委坚持充分发扬民主，走群众路线，倾听群众呼声。

第二，重视民主推荐。党委坚持组织推荐、群众推荐和个人自荐，有效地提高群众参与干部选拔任用的程度，增加选人用人的透明度。

第三，坚持任前公示。每次聘任，所有拟任人选的基本情况及照片全部张贴在外，接受大家评议，教职工称之为"晒太阳"。对群众有关干部任用的来信，分别由相关部门进行调查。同时，坚持组织部门和纪委联席会议制度。

2. 引入择优机制，营造竞争氛围

干部任用过程中，党委还采取竞争上岗、试用制和任期制等做法，促使优秀人才脱颖而出。在一轮中层干部聘任中，有五位干部竞聘同一个岗位。新上任干部必须通过试用期的考察。但是，党委不求全责备，看主流、看潜力，用人所长，敢于破格使用特别优秀的干部。

建立干部"下""出"机制。党委以人性化管理为本，建立一套适应形势发展要求的干部"下""出"机制。

例如，处级干部不担任领导职务后，可以有半年调整期，其间保留原级别待遇不变；因年龄关系不再担任领导职务的处级干部，如果任职年限满 4 年，则在调整期后还可以改为相应的调研员。

（七）关注潜力和持续的发展，进行前瞻性的思考研究

1. 着眼长远，丰富源头

党委坚持后备干部每两年进行整体调整，调整时对原有后备干部进行民主测评。同时，开展新一轮推荐工作，通过组织部门考察，最终由党委讨论确定。后备干部数量一般按照领导班子职数 1∶1 的比例确定，全校中层后备干部队伍保持常量。

2. 动态管理，跟踪考察

设立后备干部个人成长档案，所在部门党组织安排合适岗位，加强对后备干部的培养，每半年向党委组织部门报送其思想工作表现情况。每年底由组织部门会同所在部门党组织，对后备干部进行一次考核，特别是就其工作实绩进行分析。建立中青年知识分子联谊会，把一批高学历、高职称的中青年教师会聚起来，为他们脱颖而出搭建平台，促使他们又好又快地成长。

三、以督察工作促进学校科学化管理

（一）对做好督查工作的基本认识

思想认识到位、加强制度建设、做好服务沟通，是做好督查工作的三个重要

方面。

1. 思想认识到位

全校上下对督查工作的认识到位，是督查工作顺利推进、形成上下联动、确保学校各项工作部署、顺利完成的基础保证。督查工作是学校工作的重要组成部分，是保证学校决策顺利有效实施的重要手段，是提高工作效率的有效措施，坚持经常的、认真的、实事求是的督促检查，对于了解情况、改进作风、发现问题、堵塞漏洞、总结经验、加强管理，具有很大的促进作用。学校升本后既有各种发展机遇，也面临各种挑战。学校督查工作要紧紧围绕学校的工作中心，突出督查重点，改进督查方法，加大督查力度，增强督查实效，为推动学校重大决策、重要工作部署的贯彻落实提供优质高效服务。全校上下都能深刻认识到督查工作的重要性和必要性，抓机遇、抓落实、求实效、促发展，成为全校上下的共识。清醒的思想认识，为督查工作顺利有效开展夯下了扎实的基础。

2. 加强制度建设

督查工作是一项系统工程，除有一定思想认识做基础保证，还需要完善的运行机制予以保障。明确学校督查工作的目标任务、主要内容、工作程序和要求，以及落实责任制的具体规定，包括责任制度、检查制度、报告制度和通报制度，为规范开展督查工作提供了必要的制度保障。这样，学校的督查工作起步即规范有序，各部门有章可循，办公室督查有据可依。

3. 做好服务沟通

督查工作牵涉学校的方方面面、上上下下，办公室督查人员放下姿态，与各职能部门在一个层面上进行沟通协调，并指导、帮助解决一些具体问题，积极做好各项服务。共同推进督查事项的完成，以此赢得各职能部门的理解支持。

具体做法是：第一，交任务。完善督查工作责任制，坚持领导负责、分级承办的原则，明确办公室主任是督查工作的责任人，各部门负责人是本部门的第一责任人，形成一级抓一级的工作格局。

第二，做服务。既要明确部门文书管理员的督查职责，又对其工作进行指导，定期培训，及时交流。

第三，常沟通。根据不同类型的督查事项，分不同层面进行沟通，并及时了解或协调解决一些瓶颈问题。督查秘书则经常与部门的文书管理员了解文件、领导交办等专项事项的落实情况。办公室与各部门之间即通过多方面的经常性沟通，增进理解配合，确保学校各项决策和重要工作部署真正落到实处。

（二）督查工作的主要做法

根据学校决策运行系统的要求，办公室将学校督查工作划分为四大类：一是学校党政年度工作计划的计划督查；二是上级和校党政重要会议精神和决策事项的落实督查；三是各类文件及领导批示落实情况的文件督查；四是领导交办事项、学校领导和群众关心的热点、难点问题、信访和稳定工作等方面的专项督查。办公室以"五个结合"为着力点，稳步有序地推进督查工作。

1. 坚持督查工作与日常工作相结合，努力提高工作效率

根据工作性质和人员实际情况，办公室将督查工作与日常工作开展相结合，办公室主任作为督查工作责任人，其他工作人员对各自所负责的工作开展相应督查，做到办公室内部督查工作全覆盖。在日常工作中，注意把握督促与检查两者的关系，不仅要督促"是否办"与"何时办"，还要检查"如何办"与"办得怎样"，积极发挥领导支持、两办合一的优势，加强与各部门的联系协调，不断提高督查工作的效率和影响力。

2. 坚持全面督查与重点相结合，及时做好立项分解

首先，办公室将学校年度工作计划的落实，列入全年重点督查。计划经学校党政相关会议讨论通过后，办公室即根据各项工作的性质，明确主办部门与协办部门，明确时间节点，并强调主办部门牵头负责制。计划的分解立项表由分管领导审阅和书记、校长审定签发后，正式行文下发各部门，这也是办公室全年工作计划督查的起点和依据。

其次，办公室把握其他各项督查工作的特点和规律，开展全面督查立项。一是对各类文件上领导的批示意见、批示事项和信访事项的督查，通过文件转办，通知主办部门及时落实；二是对会议决策事项的督查，根据会议要求，形成会议纪要，分解下发各相关部门并跟踪督查；三是注意把握规律开展督查立项，提高督查工作的前瞻性。

3. 坚持督查工作与协调、指导工作相结合，积极开展督查跟踪

在实施督查的过程中，注意发挥办公室的综合协调作用，通过督查，及时发现存在的问题。对于部门之间因工作交叉落实不顺利的，及时报告分管领导，并协调有关部门提出解决思路或方案，报学校研究定夺；对于工作落实中的变化情况和不可控因素，通过督查掌握承办部门遇到的困难，及时报告学校领导协调解决；对于学校领导关注的工作，或者落实时间有一定周期的工作，办公室则通过督查持续跟踪，不断向领导反映进展情况。有效的协调和沟通，不仅解决了有关部门的实际问题，更重要的是，通过督查协调，各部门看到了办公室督查工作在推进落实中的作用，增强了彼此的理解，进而促进了督查工作。

第三节　扁平化行政管理模式的探索

一、扁平化行政管理模式概述

（一）扁平化的行政管理模式

组织机构是组织管理活动的载体，高职高专院校管理创新，必须以组织机构创新为保证。高职高专教育的培养目标，决定了高职高专院校的战略管理目标；高职高专院校在高教系统所处生态环境的位置及其变化，决定了高职高专院校战略目标的变化。高职高专院校的管理组织结构，应追随战略目标的变化而创新，结构追随战略，组织结构随着战略的变化而变化。一些学院根据上述理论，在学院内部着力进行扁平式管理组织结构的构建，以及决策层次与执行层次管理组织的建设。

1. 扁平式管理组织结构的构建

我国传统教育管理组织结构是"金字塔"式的，是计划经济体制的产物。这种组织结构的典型特征是管理幅度小、管理层次多。扁平化管理是管理层次少而管理幅度大的一种组织结构形态。所谓扁平式组织结构是从最上面的决策层到

最下面的操作层，中间相隔层次极少，它尽最大可能将权力向组织结构的下层移动，让下层单位拥有充分的自主权，并对产生的结果负责。其特点是管理层次少，管理人员也少，可以节约管理费用。在学院扁平式结构中的领导者，就是学院的董事会。董事会既是设计师，也是公仆，还是教职工。作为设计师，其工作就是对组织要素进行整合。董事会不但设计组织的结构，以及组织的政策和策略，更重要的是，设计组织发展的基本理念。公仆角色表现在其为学院的发展服务、为学院的发展提供主动的动力支持。作为教职工，其首要任务是界定真实情况，协助组织成员正确、深刻地把握真实情况，提高组织成员对组织系统的了解和实现工作目标的能力。

2. 扁平化管理体制体现了学院行政管理工作的人性化

扁平化的管理结构以学生为圆心，教师为学生提供优质教育和服务，管理者为教师提供优质服务。这不是由下向上负责，而是由外向内负责。所以，扁平化管理体制怀着十分的信任，充分授权，使职责权相一致，是一种人性化的管理模式。当然，由于扁平化管理跨度较大，不能严密地监督下级，上下级协调较差。管理幅度的加大，也造成同级间相互沟通的困难。所以，这种管理模式特别强调团队协作，强调各部门的协调配合。

3. 执行层次管理组织的建设

在扁平式管理组织结构中，执行层次是网状结构的多重联结点。系（部）就属于执行层次。它上联校领导和各职能部门，下联师生员工，横向联结校内兄弟学院或系（部），外部联结校企合作单位、实训实习基地、传统生源基地和毕业生就业对口行业与部门等，是学院战略决策执行主体中的关键成员。系（部）的主要职能包括：组织力量实施学校决策；对下属的工作进行检查和控制；与校企合作单位和基地保持紧密联系，开展活动；对执行过程中的各类信息进行处理和反馈。

在管理运行上，学院重新修订和完善干部与职工岗位责任制，向全体教职工公布岗位分工，确定学校组织决策权向"扁平结构"移动，突破传统的"高层管理者思考，基层人员执行"的模式，使每一个人的思考与行动合为一体。学院实行中层干部对分管工作负责制，赋予中层干部管理与决策的权力。学校总体目标根据部门的岗位责任，层层分解和落实，各部门结合自身实际，制定相应的考核标准，激发广大干部职工工作的责任意识和主观能动性，切实提高工作效率，进一步提升学校的办学质量和效益。

学院在管理组织结构执行层次的建设中，十分重视强化职业取向，在管理岗位设置、专业建设和管理人员选聘上，都根据高职高专教育的特点，进行深度考虑，以满足高职高专教育职业性的需要。

二、健全考核评价机制

（一）加强宏观决策调控，全面推行两级管理

学院针对合并组建初的行政管理体制的新情况和新问题，加强宏观决策调控的职能，强化目标管理，建立层次清晰、规模科学的院系两级管理体制和运行机制，实行岗位责任制、目标责任制和行政问责制相统一的管理机制，真正发挥系、部的积极性和自主创新精神，做到让教职工满意，让师生员工受益，确保改革工作有序、稳妥、顺利地进行。

1. 推行两级管理制度，提高行政管理水平

学院进行了行政管理的重大改革，推行两级管理制度。学院与各系部、处室作为两个不同的管理层次，各自承担相应的责、权、利，以形成"学院掌控全局，各系激发活力"的新局面。学院主要通过制订总体规划、发展目标与内部政策，筹措与分配办学经费，实施综合考核和提供服务等手段，对各处级单位进行管理。学院职能部门为教学第一线提供高效率的服务和保障，负责贯彻学院的决策，依职权对各系工作进行测评。系作为办学实体，负责实施学院的规划和决策。这样，通过权力下放，理顺院系关系，使学院从繁杂的行政事务中解脱出来，一心一意抓事关学院全局的大事，也使各系、部有事可做，有权做事，做到分工明确，责任明晰，形成各级管理人员"勇于创新、敢于负责、善于协调"的工作机制，进一步提高学院的行政管理水平，提升办学实力，推进和谐校园建设。

2. 调整管理机构体系，实行规范行政管理

学院通过撤、并、转，调整院内机构。例如，为了加快信息化建设，整合学

院计算机专业师资，规范网络管理，将原计算机教研室和网络中心合并为现代教育技术中心；为了加强基础建设，保障学院扩建工程顺利实施，成立了基建办。根据学院招生规模的扩大和发展的需要，增设了系、教研室等教学机构，充实了教务处、科研处、计财处和学生工作办公室等职能部门。学院在纵向上确立了院、系（部、处、办）两级管理体制，横向上明确了各系部、职能部门的职责分工，形成了完整的管理机构体系。同时，严格控制编制，管理机构的设置严格遵循科学、精简、效率的原则，对各部门实行定编定岗，不随意扩编，杜绝超编。做到机构精简，办事高效，协调有序，运行良好。

（二）健全考核评价机制，不断提升管理水平

以健全考核评价机制为抓手，通过改革用人制度，强化岗位职责，从根本上解决按人设事、资源浪费、效益低下的问题。通过改革分配制度，拉开收入差距，实行院系两级管理体制的改革，较大力度地实行纵向权力结构的调整，管理重心下放。通过后勤社会化改革，使后勤规范分离，逐步实现社会化、市场化和专业化。自我发展、自我约束的良性运行机制逐步形成。

1. 考核工作的组织领导

学院成立考核工作领导小组，下设考核工作小组（由相关职能部门参加，实行"席位制"），负责对处级单位的考核。考核的日常工作由学院考核工作小组负责，办公室设在人事处。各处级单位均成立考核小组，负责各自的考核事宜。

2. 考核的基本方法

学院对所有处级单位实行综合考核。考核采取"民主测评、双向评价、多元综合、量化激励"的方式。考核的项目及计分标准事先公布，通过对各个方面工作的民主测评，决定得分多少。各系部、各职能部门之间就工作实绩和管理水平进行双向评价。考核的项目按照各自的工作特点设计，尽可能从各个方面进行全面测评。考核综合得分与获得的奖金直接挂钩，对排名前三位的单位，予以加分奖励。

3. 对各系的综合考核

对各系的考核，分为教学工作、科研工作、学生管理、精神文明建设和日常

行政管理五个方面。教务、科研和学工等职能部门，分别负责对各系的相关工作进行测评。各项测评数据均赋予不同的权重，综合考核的得分由各项测评得分汇总而成。

4. 考核奖金的确定

学院提供一定的经费，作为对各处级单位进行综合考核的激励款项（简称"考核奖金"）。每年考核奖金的数额依据学院的财力确定。为了强化激励作用，对全院处级单位综合考核得分进行排名，对第一名、第二名和第三名，分别给予增加三分、二分和一分的奖励。学院还通过校务公开、纪检监察等渠道公告、公示，加大对考核工作的监督。

（三）建章立制，加强领导，为提高行政管理能力提供保障

1. 建立健全各项规章制度

对学院独立设置前的所有规章制度进行全面清理调整，对已经过时不用的予以废除，对与学院发展需要不符的予以修订，对仍然没有规范的，抓紧制定，使学院的各项管理工作有章可循、规范有序。

在教学及管理的各个环节中，制定相应的制度，形成了由教学研究与教学改革、教学管理、教务管理、课程与教材建设和实践教学管理等内容构成的教学管理制度体系。在科研管理方面，对学科建设、学术研究、科研工作奖励和科研成果管理等，制定切实可行的规章制度；人事管理方面，大力推行人事制度改革，实行聘用制和职员制，完善教职工的聘用、考核、工资、福利、报销、离退休与档案管理等各项制度。在学生管理方面，进一步修订学生管理规定，明确学生的权利与义务，规范学生的在校行为。学院其他各项管理制度，也都进一步完善，实现了学院各项工作的制度化和规范化。

2. 大力加强管理干部队伍建设

目前，学院大多数管理部门的负责人都由教授、副教授担任。组成了年富力强的中层管理干部队伍。学院近年来还招聘了一批高学历的青年管理人才。另外，通过转岗和解聘等方式，调整了不适应岗位需求的管理人员，优化了行政管理队伍结构，行政管理队伍的年龄结构、学历结构、专业结构和职称结构进一步合理化。

学院努力提高行政管理人员的素质，增强行政管理人员的责任意识、服务意识、大局意识、创新意识和角色意识。加强理论学习，增强党性觉悟，提高政策水平，担当"管理育人"的重任，模范高效地服务于学院的中心工作。学院注重对行政管理人员的继续教育和业务培训，改善他们的知识结构，提高文化素质、管理素质和业务水平，使他们树立现代管理理念，熟知学校管理的各个环节，积累现代管理经验，提高研究和解决问题的能力，从而促进学院行政管理队伍的整体素质不断提高。

关心行政管理人员的生活和待遇，是稳定行政管理队伍的关键。学院非常重视改善行政管理人员的待遇，为他们解决后顾之忧，在评定职称、晋升工资和住房补贴等方面，将他们与教师及科研人员一视同仁，吸引管理人才加入行政管理队伍中来。在提高行政管理人员待遇的同时，学院也为他们提高业务能力和管理素质创造条件，定期开展业务指导和培训，并选拔优秀的管理者参加校外进修和出国考察研修，做到管理岗位不仅吸引人，而且能留住人、激励人、培养人，使学院行政管理队伍在稳定中得到发展，在发展中保持一定的稳定，确保学院行政管理工作的连续性和有效性。

通过两级管理和建章立制，学院逐步建立了科研工作、教学工作和总务后勤等内部评价体系，形成了较为完善的内部评价规范系统。在学院改革与发展的进程中，学院将继续推进行政管理体制的改革，开拓创新，不断进取，进一步提高教育教学质量、学术水平和办学效益；充分发挥学院长期发展所形成的办学优势和特色，努力培养基础扎实、具有创新精神和实践能力的应用型、复合型人才，使学院成为高水平人才培养、高层次决策咨询和发展教育文化事业的重要基地，在国家的经济建设和社会发展中，发挥更加重要的作用。

三、建立校务公开长效机制

（一）党政高度重视是校务公开形成长效机制的前提

在学校建设和发展中，学校党政领导十分重视与尊重广大教职工民主管理和民主监督的权利，把全心全意依靠教职工办学，作为推进学校外延拓展和内涵建设、全面提升办学水平、创建现代化特色大学的重要举措，作为加强党风廉政建设的有效途径。

学校将教代会作为校务公开的主要载体，近年来，不断完善教代会制度，赋予师生更多的知情权、参与权和监督权，组织教职工广泛参与学校和学院各项重大事务的决策和管理。每次教代会，学校各党政领导都深入基层，直接听取代表们的意见，同代表们共商学校改革发展大计。同时，采取多种形式，及时发布信息，主动征求和听取群众意见。

这当中，有各种会议形式，包括校党委全委扩大会、全校党政干部会、党委中心组学习会、全校教职工大会、民主党派人士代表座谈会、离退休人员学校工作情况通报会和各种座谈会等。有各种公文形式，包括各种文件、公告、通报、通知和信息简报等；有各种媒体形式，包括充分利用校报、校园网络、校有线电视台、广播站、宣传橱窗和公告栏等，使群众及时了解和掌握学校的改革与发展情况。

（二）建章立制是校务公开长效机制建设的关键

在推进校务公开的工作中，学校应重视相关的制度建设，明确学校实施校务公开的目的和意义，校务公开的原则、主要内容、主要形式及组织领导，把涉及学校改革发展的重大决策、财务预决算、学校重大工程建设项目、干部聘任、住房补贴、领导干部的推荐与选拔、民主评议和党风廉政建设等，纳入校务公开的内容。

按照上级教育部门的统一部署，校务公开工作又及时增加了招生入学考试、教育收费、学生学籍管理、学校帮困助学、高校就业指导、教师资格认定和教育人才引进等七项工作内容。在学生学籍管理上，为慎重起见，学校积极倡导听证制度。以专家咨询和论证等多种形式，开展校务公开工作。为切实有效地服务学生，学校应建立"一站式"校务公开办事制度和办事指南，设立"一站式"办事公开大厅，实行"一条龙"服务，使校务公开工作更加制度化、规范化和程序化。

在校务公开的实践中，学校把民主管理作为校务公开的重要途径，把坚持和规范民主程序作为工作重点，每年召开一次教代会，坚持校长报告制度、财务报告制度和涉及教职工利益的文件审议制度，使民主办学深入人心。让代表们以主人翁的精神，充分发扬民主，参政议政，对提出的方案做出充分审议，集思广益，提出不少积极的建议，通过了其中有关人事制度改革的四个文件，使学校的改革方案更加完善。

（三）校务公开长效机制的组织保障和执行机制

学校高度重视管理程序的科学性和公平性，进一步完善各类管理和决策运行程序，健全党政联席会议和校长办公会议工作体制，建立并健全领导、专家与群众相结合的民主决策、民主管理和民主监督的体制与机制。

第一，为切实加强对校务公开的领导，学校成立了校务公开领导小组，负责校务公开的领导、组织和实施。领导小组组长由党委书记担任，副组长由分管校领导担任，成员由党委办公室、校长办公室、工会、纪委（监察处）、人事处、教务处、学生处、研究生处、财务处、资产管理及保障处、招生办公室、成人教育学院和教职工代表等职能部门负责人组成。

第二，校务公开工作领导小组下设办公室，负责处理校务公开的日常工作，办公室设在校长办公室。

第三，校务公开工作领导小组下设信息反馈办公室，负责监督校务公开的日常工作和信息反馈，办公室设在工会。

第四，各部处由专人负责落实业务范围内校务公开的相关事项。

（四）二级民主管理是校务公开形成长效机制的基础

1. 充分发挥教代会的主渠道作用

在推进校务公开中，学校充分发挥教代会的主渠道作用，认真落实教代会各项职权，并把教代会作为推进校务公开的基本载体，加大对学校改革发展的参与力度。定期召开教代会，使教职工通过民主程序，积极参与制定学校发展大计，把学校改革与发展的重大决策和举措、涉及教职工切身利益等的重大问题，作为校务公开的重点，提交每年度的教代会审议与表决。校长每年向教代会报告工作，学校财务每年向教代会报告财务预决算执行情况，学校综合体制改革的八个配套文件，都经教代会代表审议并表决通过，使教代会更制度化和规范化。教代会闭会期间，学校注意发挥教代会民主管理委员会和生活福利委员会两个专门委员会的作用，每两个月召开一次会议，由校领导通报重大校情，及时听取教职工的反映。

各学院制定了民主管理制度，坚持每年召开一次教职工代表大会或教职工民主管理大会，使广大教职工有更多的参与权、知情权和监督权，畅通教职工表达意愿和参与学院管理的渠道与途径，促进了院务公开工作。

2. 积极进行二级民主管理的实践

近年来，高校以二级教代会建设为抓手，通过二级教代会加大基层教职工民主参与、民主管理的力度。学校目前已实现了二级学院100%召开教代会的目标，并健全了二级教代会的相关制度，将学院（教学部）发展规划、教职工岗位职责、考核办法与分配办法等新一轮改革方案和涉及教职工切身利益等重大问题，提交二级教代会审议、表决，使教职工既是制订改革方案的参与者，又是执行者。

由于二级教代会加大了基层教职工民主参与和管理的力度，较好地贯彻了学校教代会精神，抓住学院发展这一教职工关注的热点，讨论的议题与教职工切身利益密切相关，得到了广大教职工的积极参与，也完善了二级学院的改革方案。

（五）校务公开长效机制形成的特色

1. 重视发挥工会在校务公开工作中的积极作用

学校在推进民主管理和校务公开工作中，重视发挥各级工会组织的作用，通过工会联系教职工，把广大教职工最关心和最需要解决的问题，及时反映给党政领导。为发挥工会在院务公开中的作用，明确要求部门工会主席参加会议，制度上保证了工会干部有更多的发言权。这有助于工会就学院制度、骨干选拔与培养、教职工奖金分配和福利待遇等问题，代表教职工提出想法和意见，使党政领导的主导性意见得以完善。同时，工会干部可以进一步了解校情和院情，有针对性地做好群众工作，营造人人关心、人人参与的局面，齐心协力实现学校与学院的发展目标。

2. 以"三个相结合"稳固校务公开的长效机制

经过实践，高校在民主管理建设和校务公开等方面已初步形成以下制度：上半年召开校教代会，总结过去一年的工作，规划新一年的目标；下半年召开二级教代会，贯彻学校教代会精神，修订有关实施办法。

在此基础上，高校形成了"三个相结合"的工作特色：一是将大会工作与闭会工作相结合；二是将学校工作统筹与学院具体工作相结合；三是将重大问题与常规工作相结合。制度化的、与工作实际紧密结合的校务公开内容，稳固了校务公开的长效机制。

学校实行校务公开以来，广大教职工依照有关法律和规定，积极参与学校及本部门的民主决策、民主管理和民主监督，促进了依法治校工作和民主政治建设，加快了管理的制度化和规范化，以及决策的民主化和科学化进程，加快了学校教学管理和改革的深入发展。

第四章 高校行政管理的改革

第一节 高校行政改革概述

一、高校行政改革的必要性、依据和影响因素

（一）高校行政改革的必要性

1. 高校培养浓厚学术氛围的需要

高校本身就是为国家培养人才，进行学术研究、科学发明的地方，但是由于我国高等教育的行政管理体制与国家的行政管理体制存在一致性，我国高等院校内的官僚气息重，专家学者在进行科研、学生在学习时，总会受到这些不良气息的影响，高校内的学术氛围难以营造，或者不够浓厚，使得高校的办学目的因此产生扭曲。为了保证高校办学的纯洁性，为国家输送更高质量的人才，就需要对目前的高等教育行政管理体制进行改革，清除这些不正之风，营造浓厚的学术氛围。

2. 高校适应市场经济发展的需要

市场经济的需求，随着时间的推移不断发生变化，高校只有具备对市场变化的适应能力，才能够得以立足和稳定发展。但是，我国高等教育行政管理体制由于长期受到中央集权管理模式的影响，不具备自主及时调整的能力。为了使高校能够适应市场经济的发展，就要对高等教育行政管理体制进行改革，对其提供帮助，为我国高等教育市场化的发展提供良好的发展空间和支持。

（二）我国高校行政管理体制改革的依据

以发展为主题，以结构调整为主线，以政府部门放权和管理体制创新为动力，以提高办学质量为出发点是当下高等教育改革的主要特征。高等教育体制和运行机制正从适应计划经济转变为适应市场经济，资源配置正从政府主导型的计划配置转变为政府在宏观指导下让市场发挥调节作用；教育政策越来越体现公平与效率的统一；人才培养规格和模式日益多样化；教育在促进思想道德观念更新、社会进步方面的作用越来越大。建立现代大学制度是当前高等教育改革深化的必然要求，也是内部改革的外在动因。

随着高等教育改革重心的逐步下移，高等学校本身在改革中的地位已经越来越重要。发达国家的历史经验也表明，教育的改革必定经历一个从系统的、宏观的层面转向学校层面的过程。这种转向是高等教育本身的使命和功能决定的，因为人的培养毕竟是由学校承担的。随着高校办学自主权的落实，高校的办学规模普遍在扩大，内部管理活动的独立性和重要性也日益显现。

高校在许多方面的权力越来越大。如学校的发展计划和目标的制定与落实；学校财政和资源的自主筹措、运作和分配；办学质量的控制；体制的创新与发展；公共关系的开拓与发展；教职员工与学生的沟通；围绕办学工作的管理与服务等重大问题上。革除高校内部的种种不适应症，建立起具有自我发展、自我约束、精简高效的内部运行机制是建立现代大学制度的微观基础，也是内部管理体制改革的目标。这是来自高校内部的直接动因。

大学作为学术性的文化机构，具有组织的一般特点，又在管理制度和管理模式上有其鲜明而复杂的特征。由于学术活动的"自然模糊性"特点，大学的组织目标很难设定得具体、明确。大学也很难像一般社会组织一样严格按照理性管理原则去实现效率的最大化。这种模糊特征决定了大学的管理是追求建立一个有效率的、灵活的创新型管理制度和运行机制。这种模糊特征也表明做好大学的管理工作是相当有难度的。作为规模庞大、职能众多的知识型组织，大学的事务正变得越来越复杂。现代信息技术的发展，又极大地改变了学校管理的职能和模式。大学的管理职能已经由"传统性学术田园的守望者"转变为"创新性企业型大学的开拓者"，管理在大学的生存与发展中的作用越来越重要。加强管理，向管理要效率、要质量、要效益是高校生存发展的根本大计。

（三）高校行政改革的因素分析

1. 高校外部行政管理体制改革因素分析

国家政治体制和行政体制改革的深入推进和发展，对高等教育行政管理体制改革提出了客观要求。我国政治体制改革本质上是我国社会主义政治制度的自我完善和发展。我国政治体制和行政体制改革的内容主要表现为，完善党的领导机制，实行党政分开，促进党的领导与行政管理的协调统一；强调行政管理权力要进一步下放到地方政府，加强地方政府在区域社会发展与经济建设过程中的主体作用；解决行政效率低下的问题，消除臃肿的机构设置，精简各级行政机构，增强行政效率。通过这些方面的改革，促进社会主义物质文明和精神文明建设，扩大社会主义民主，巩固人民民主专政，维护安定团结的政治局面。社会主义政治体制和行政体制的发展变化是我国高等教育管理体制和运行机制改革最为深刻的社会动因，为我国高等教育的体制改革和高等教育行政管理职能的转换创造了有利的条件。

市场经济体制的深入发展和不断完善要求高等教育管理体制应进行相应的改革和调整。在社会主义市场经济体制下，多种经济成分的并存和发展，正冲击着学校办学主体的单一化格局及相应的管理模式。经济主体的多元化，排斥着高度集中的教育决策行为，要求决策主体在决策权上明确划分。随着包括劳动力市场、资金市场、信息市场等在内的市场体系的健全，市场多变性、竞争性、开放性及信息网络性的特点，日益要求学校面向社会独立自主办学，要求教育行政部门的宏观调控要有合理的依据。

高等学校通过近年来的调整、合并，规模不断扩大，对管理提出了更高的要求。众所周知，管理不是无限的管理，它的作用对象总是有限的，总有一定的范围，管理对象如果超出了这个范围，就会对管理的效益和效率产生影响，造成管理的低效益、低效率，甚至造成管理混乱、无序、无效。目前，高校的数量庞大、规模庞大，再加上老体制的遗留问题，使得管理事务庞杂，而市场经济对高校的影响越来越大，高校的招生、就业、后勤社会化、人事制度改革、融资渠道变化等，越来越受到市场、社会的影响，政府对此管理起来变得越来越力不从心，不能灵敏地把握市场对高等学校的新需求，也不能完全满足高校的发展需求。因此，必须及时地对传统的行政管理体制进行改革和创新。

2. 高校内部行政管理体制改革因素分析

（1）提高高校管理效率和效益的需要

目前，我国高等教育行政管理体制缺乏科学性、民主性，对办学效率和效益缺乏一套科学的评价、激励、监督和约束机制，仍然习惯于计划经济条件下的思维模式，政治思想比较突出，习惯于以社会效益为借口掩盖投入产出之间的矛盾和弊端，忽视资金的使用效率。在项目建设投入上，重视项目的审批，缺乏相应的科学、民主的决策体制，轻视项目建设的过程管理和结果管理，在许多项目建设上造成了低效益，浪费了资源，加大了成本。这些都要求理顺行政管理体制，改革与现实状况不相适应的管理制度和办法，从而提高办学效益，更好地为社会发展提供更多的人力资源和知识支撑。

（2）高校发展的内在需要

中国的高等教育正处在重要的转型期。这种转型既是适应国内经济、社会发展的需要，又是中国高等教育本身的一种创新；既是高等教育外部关系的一次调整，又是高等教育内部的一次改革。在新形势下，一些传统因素束缚了高校的深入发展，如办学体制问题、投融资问题、人事管理问题、分配制度问题、保障制度问题等，如何面对新的机遇和挑战，在管理办法上有所创新和突破，是所有高校都在深思和必须回答的重大问题。高校要发展、要壮大，就必须大胆突破传统的管理理念和制度，积极学习借鉴和创新性地吸收发达国家的高校管理经验和做法，对不合时宜的管理制度进行大胆的改革和创新，积极探索一些适合自身发展的新机制、新措施，不断推进学校的健康发展。

（3）稳定教师队伍，提高教师素质的需要

学校要建成世界一流大学，必须有一流的师资队伍。基于这样一种逻辑，学校当然要首先建设师资队伍。这也是当前许多高校进行校内管理制度改革的基本逻辑起点。

从某种意义上讲，学校的管理至关重要。基于此，要建设一流的大学，拥有一流的师资，必须建设一流的管理，使管理真正为教学、科研服务，为教学、科研保驾护航，使教师科研人员真正对学校产生归属感，安心进行教学和科研，从而为学校的发展奠定基础。

二、高校行政改革的目标与方向

(一) 高校行政改革的目标

1. 切实实行党政分开，明确各自职责，加快学校领导干部的任命机制改革

改革高校领导单一的委任制，全面实行聘任制，实行任期制。改革是基于这样一个事实，即学校不是一级政府，学校领导不是官，学校的运作必须遵循教育教学规律，不同于政府的运作逻辑和运作轨迹。如果把行政委任制照搬到学校，走行政逻辑之路，很容易冲击学校正常的教育教学规律，挫伤教职员工的积极性。从某种意义上讲，一个校长就是一所学校的代表，一所好的学校，必须有好的校长。好的校长不是上级政府委任出来的。克林顿从总统位置上一下来后，先是想去竞争哈佛校长，后又有意去牛津当校长，但都被拒绝了。正如哈佛的解释，像克林顿这样的政治精英，可以领导一个超级大国，但不一定能领导好一所大学。这是两回事。在实行聘任制的过程中，要建立相应的约束机制，选拔过程要公开，由教师代表大会、工会代表大会、教授委员会等组成考察委员会负责选拔与监督，要举行一定范围的公开答辩，接受教职员工的质询。

2. 理顺学校内部学术权力与行政权力的关系

淡化行政级别观念，重视学术权力。建立教授委员会等组织，广泛吸收学术人士参与决策和管理，充分发挥高等学校的学术权力在决策管理中的作用。学术权力和行政权力在高校中都有其存在的必要性和局限性，两种权力不能互相替代或以一种权力掩盖另一种权力。但从我国目前的高校现状来看，学术权力应处于主导地位。这不仅是因为在现行的高校结构中，行政权力居于主导地位，甚至还有掩盖学术权力的趋向，更重要的是，高校的教学、科研和社会服务，都是具有独立性和创造性特点的知识活动，并且基本上是以学科为基地展开的，只有从事这些活动的专家对这些事物才有最权威的发言权。当然，提倡以学术权力为主导并不是抹杀行政权力的作用，两者的有效整合是处理权力结构的关键。

3. 转变管理理念，树立经营学校的理念

一切改革必须观念先行，没有观念的转变，就不可能有行动的解放。在社会

大转型和大变革的时代，高校必须及时调整自己的办学理念和管理理念，积极吸收和借鉴先进经验，创新自己的管理思想。高校不再是封闭的象牙塔，与社会日渐紧密的联系使得高校社会化的进程加快。高校投融资体制的转变，社会化办学的冲击，高等教育产业的日渐深入发展，都迫切需要高校遵循教育发展规律和市场发展规律，以经营学校的理念来指导学校的管理工作，不断增强自己的办学实力，从而更好地为教学和科研服务。

4. 加快高校管理职能调整和机构改革进程

以前高校的管理主要是一种行政管理，是一种大管理和单一管理，管高校所有师生员工的吃喝拉撒睡，事无巨细。在知识经济时代，知识已经不再是间接地影响经济，而是直接参与经济活动，已经成为经济生活的一部分，知识的作用不仅可以通过掌握知识的劳动者体现出来，还可以直接变成财富，即实现知识的物化，一些国家机关、企业、团体等在高校建立研究中心，不少高校也相继创立和发展科技园，这导致高校的管理对象复杂化，管理内容多样化，管理需求多元化。在这样的新情况面前，高校要及时调整自己的管理职能，明确哪些是自己必须管的，哪些是不必管的，哪些是可以委托管理的，从而把学校的主要精力放在学校的发展大局上，并根据自己职能的变化，适时进行相应的管理机构改革，提高管理效益和效率。

5. 加强高校人事分配制度改革

现在都讲核心竞争力，核心、竞争力这两个概念来自最新的企业管理理念，企业的竞争不仅是产品的竞争，还表现为企业群体内部群体创新能力的竞争，是人才的竞争。大学的核心竞争力在于师资，而管理，则可以充分释放师资的潜能。传统的人事分配制度平均主义严重，大锅饭倾向突出，不利于人才才能的发挥。要通过人事分配制度改革，引进竞争机制，实现人才的合理分流与利益的合理分配，提高教职员工待遇。充分调动广大教职员工的积极性，使其充分发挥他们的聪明才智，形成强大的学校竞争力。在改革中，改革以前认为的人事制度改革就是让人下岗、分流的简单做法，要结合中国的实际和中国高校的特殊情况和特殊地位，实行科学、合理的改革方法，可以减员增效，也可以增员增效，不能把一切负担推向社会。

总之，人事分配制度改革是我国高等教育行政管理体制改革过程中所面临的又一个重大难题，它必然会遇到较大的改革阻力，需要我们在制定政策的过程中，走科学化、民主化、理论联系实际之路，积极、稳妥、有序地推进改革。

6. 建立和完善高校保障制度

根据我们所选择的高等教育行政管理体制改革的目标模式，必然要实行机构的大调整、大转向和大裁员。除了极少数机构与人员应还政于政之外，其他大量的人员应分流；在实现政校分开、校企分开之后，事业人员分流到企业，这也就意味着个人身份的转变及相应待遇的改变。显然，传统观念与既得利益等因素，无疑将成为实现机构调整和人员分流的严重阻碍。因此，必须加速我国现行的干部人事制度、住宅制度、户籍管理制度及其他相关的配套制度改革，尤其是要加速建立和完善新的社会保障制度，这是实现高校人员分流的基本保证。在进一步深化事业体制改革的过程中，可以采取一种新的改革思路，即根据中国干部人事制度的实际情况，在承认和保留现有事业单位人员身份及相应待遇的基础上，先将用于社会保险的经费单列出来，并设立相应的社会保障机构负责集中管理，将其与原来的事业单位的其他经费脱钩，逐步剥离事业单位的社会保障功能，逐步实现社会保障的社会化。这样既可以有效地减轻事业单位的沉重负担，又可以改变社会保障单位化、部门化的严重弊端。从长远看，分离公共事业经费预算与社会保障经费预算，建立现代化和多元化的社会保障体系，是建立社会主义市场经济体制的一项基本内容。

7. 加快高校管理方式和管理手段的转变

在管理对象复杂化、管理内容多样化、管理需求多元化的今天，高校要积极创新传统管理模式，引入市场管理理念和手段。要加强自身与社会的联系，尽快建立与完善高等学校与社会相互合作的有效机制。完善中介组织，发挥中介组织的作用。在当今社会中，必须依靠各种中介组织的各种功能，如桥梁作用、缓冲作用、服务作用、监督作用、资源配置作用来降低交易成本。

8. 完善高等学校内部的各项规章制度和加强组织建设

制定完善大学章程，组建教代会、工代会、教授委员会等学术组织和职工权益组织，并切实赋予相应职权，让其充分发挥作用，在重大问题上能够起决定作用。高校要加强对各系统及各组织行为的有效规范，特别是在自主权不断扩大的过程中，需要尽快建立完善的自我约束机制，在政府的宏观管理下，自身能够实现有效的管理和运行，保证各项职能充分协调地发挥。在建立相应约束机制后，规范比较健全的情况下，一些管理领域可逐步向管理工作专业化、职业化方向发展。如后勤服务工作、学生管理工作、科技服务工作等。

（二）高校行政改革的方向

1. 借助宏观调控推动高校自主办学

国家在这方面也做出了许多大胆的尝试，比如，政府批准企业可以和高校一起联合办学；政府还扩大了高校自主办学的权利等。虽然高校的自主性和能力在不断地得到开发，但有很多事情是学校控制不好的，这时就需要政府进行辅助帮忙。学校和政府之间要不断地协调和磨合，逐渐明确各自的职权范围，明确政府和高等院校之间的关系，高校要借助政府宏观调控的力量，推动自主办学能力的提高。

2. 配套相关制度，推动管理体制改革

高等教育行政管理体制的改革，只有放在良好的社会环境下才能够正常地进行并取得成果，如果没有良好的改革环境，就会使行政管理体制改革的难度加大，改革受阻。

因此，首先必须做到国家法律法规的大力支持，从国家的角度为高等教育行政管理体制的改革提供支持，在国家的范围内为改革提供保障；其次，在高校内部，也要根据国家的要求，结合本院校的实际情况，建立合理的行政管理体制，以及与之配套的监督机制、奖惩机制和检查机制，实现高校内部规定与国家法律制度的一致。

三、高校行政改革的意义与措施

（一）高校行政改革的意义

1. 适应新的社会形势的需要

作为知识创新和高层次人才培养的重要基地，高校的社会地位在不断提升，社会影响力在不断扩大。高等教育事业迅猛发展，高校间的竞争也就随之异常激烈，在我国社会和经济持续发展的今天，面对新的形势和要求，管理的改革和创新已经被各大高校提上日程，而行政管理作为配置高校教学资源、人力资源等诸多有形、无形资源的核心，其改革和创新更是首当其冲。高校只有切实转变观念，更新手段，不断推进行政管理体制的改革和创新，才能适应新的社会形势，才能满足新时期发展的需要。

2. 保证高校的改革发展顺利进行的需要

高等教育行政管理体制对高校的改革发展具有保障、协调、参谋、激励等作用。高校日常运转的方方面面，若是出现纰漏，很有可能关系到高校的全局工作，影响高校的改革发展。行政管理的作用就是通过服务，处理好不同部门之间的关系，通过建立完善的监督检查机制，针对不同部门和个人制定不同的督办要求，督促高校内部各个部门认真、及时完成任务，并积极向有关部门提出发展意见，促进高校各项工作的顺利进行。

3. 高等教育改革深入的必然要求

高等教育改革的深入也带来了不少新问题，行政管理作为高校建设的软环境，必须担负起其对教育改革顺利完成的一份责任。高校基础设施建设、师资建设、学科建设、教学改革、人才培养等各个方面，怎样扬长避短、发挥优势，是高校行政管理需要把握的方向性问题。高校若要提高办学效益，就要加强行政管理，对管理理念、技能和手段等均进行创新，实施科学的管理。

4. 高校正常运营的需要

虽然相对于高校教育、科研活动而言，行政管理工作在高校中是辅助性的工作，但却是不可或缺的一部分。高校行政管理主要是协调学校的行政管理领导、具体的执行人员与高校教师及学生之间的关系，高校行政管理部门服务于教学、科研等基本工作，与高校的学术管理相辅相成，共同构成高校的内部事务。同时，高校行政管理部门还是社会各界认识高校、了解高校的重要渠道。

（二）高校行政改革的措施

1. 协调行政管理与学术管理的关系

行政管理和学术管理交织构成大学独有的管理结构，共同为大学目标的实现而服务。正是由于两个系统协调互动的需要，对二者的关系进行有针对性的协调就显得尤为重要，可以保证问题得到建设性的解决，可以提高决策的科学性、合理性，防止资源浪费、学校偏离发展目标。要协调好二者之间的关系，就必须从管理体制、组织结构设置及制度建设着手：设置相应的机构，制定必要的工作程序，将集体管理与个人负责结合起来，依靠体制和制度使学术管理和行政管理规范化；对如经费使用决策权等权限进行严格规定和划分，提高高校中专家、学者等在学术管理中的地位，防止管理中心向行政系统偏移等现象的发生；通过审议、咨询、联席会议等方式协调两种管理之间的冲突，保证高校内部学术管理与行政管理的目标与学校的整体目标相一致；充分发挥教师在两种管理中的作用，在对教学计划、课程设置、授课内容等的安排上，教师应有自主权，在决定学科发展与走向等事务上也应占有一席之地。

2. 倡导柔性化行政管理

将柔性管理理论应用于高校行政管理，不仅能调动相关人员的积极性、主动性，还能加强行政管理者与学术人员之间的沟通与交流，促进学校管理目标的实现。倡导柔性化行政管理，第一，要树立民主的管理理念，增强师生的民主参与意识，建立并完善师生参与学校管理的各种决策和咨询机构，培养广大师生的主人翁意识和责任感，注重对人的情感感化，发挥柔性管理对内心的激励作用，促进和谐校园的建设。第二，要时刻关注广大师生的情感需求，保证情感的凝聚作用能够发挥得淋漓尽致。柔性管理以人为中心，以尊重、理解人为前提，以被管理者能够在融洽的氛围中主动学习、工作为宗旨。高校行政管理若是能够拥有这样的爱人之心，就一定能形成强大的亲和力和凝聚力。第三，加强各部门、人员之间的沟通与协作，形成向心力，消除人心涣散和人情匮乏的现象，保证高校的整体运行处在一个良好的人际关系基础之上。

3. 构建"服务型行政模式"，倡导"以人为本"

目前，越来越多的行政学者和专家认识到，在我国高等院校及党政机关内构建"服务型行政模式"是非常必要的。这就要求高校行政管理人员不仅要有较高的科学文化水平和丰富的行政管理经验,还要有较好的思想道德品质,只有这样,行政管理人员在工作中才能时刻遵循为人民服务的宗旨,才能将学生、职工和教师的利益放在首位,才能将高校行政管理工作不断地推向新的高度。

4. 坚持科学的领导体制,规范使用行政权力

为了加强行政管理的服务职能,就必须坚持"党委领导下校长负责制"的高校领导体制。在高校内部系统中,党委领导是高校的核心,党委工作是高校全局工作的中心,只有校长切实执行党委的决定,全校的工作才能开展,高校的发展方向才能坚持。另外,需要建立和健全各项规章制度,以规章制度为高校行政管理的依据和准绳,促进管理人员依章履行职责,保证高校工作的顺利开展。

5. 优化管理方式,确保工作效率

(1) 建立考评体系,强化管理职责

在各高校的行政管理工作中,考核作为一个重要的管理机制,它是检验工作成果的重要手段。要想提高考核的质量,就要因地制宜地制定一个较为完善和全面的考核机制。各高校内部还要为考核评价的体系,创造一个公平、公正和公开的实行环境,这样才能使工作人员心服口服,也能为高校培养大量的在行政管理方面的人才。为了提升高校的整体实力,高校应在各部门积极配合的情况下,合理地合并或者撤销部分重复的部门,实现人员的优化配置。

(2) 引进激励机制,努力实现各阶层发展机会的平等

就目前高校的现状而言,可以将高校等教育行政管理体制分为两种类型,即静态型与动态型。静态型管理机制将相同的奖赏和惩罚同时运用到高校不同阶层的行政管理部门中去。而所谓的动态管理机制,就是按照一定的评判标准,对高校行政管理人员进行评判,评判标准包括工作成绩和工作效果。从定义可以看出,动态型的管理机制,能够使高校的行政管理人员的需求得到满足,还能够激发他们的主动性和创造性。各个地方的高等院校都已经在管理机制上采用了动态的管理机制。

为了有效地保障这种动态型的管理机制,就需要量化指标,还需要有一个较好的操作环境,来对高校的行政管理人员进行具体的评判。以上几点还不够,还

需要为他们确立一个定性指标，把目标考核与组织评议放在一起进行评判，评判的时候需要考虑全面，要考虑高校行政管理人员的岗位职责和对岗位或高校的贡献大小等一系列因素。在评判过后，实行按劳取酬、多劳多酬和优劳优酬。实施这样的岗位激励机制，才能使高校行政管理人员中的高水平人才凸显出来。对于那些没有业绩或业绩不好的，应该给予批评和惩罚，而对于那些在行政管理岗位上长时间业绩不好或业绩不明显的人应该将其淘汰，只有这样才能最大限度地优化组织结构。

6. 提高高校行政管理人员的素养

要进一步加强管理队伍的专业化建设，提升管理人员的素养。高校可以通过统一的院校知识培训，使行政管理人员具有一定的风险预见能力、应变能力、信息收集处理能力。另外，还可以建立行政管理人员与院校研究人员的经常性交流机制，采取论坛、讲座等方式，确保每一次交流有深度、有目标、有方向。高校在决策过程中，要吸引院校优秀研究人才参加讨论，重视他们的观点和有关设计，同时努力引导行政管理人员掌握新的服务技术，以新思路、新举措创造性地完成高校行政管理体制改革的任务。

第二节　高校行政改革的动力与阻力

一、高校行政改革的动力

（一）经济体制与政治体制改革的推动

教育是教育者根据一定社会或阶级的要求，对受教育者实施的有目的、有计划、有组织地培养人的社会实践活动。教育本身因其任务的特殊性而具有一定的独立性，具体表现在以下四个方面：第一，教育与社会的政治与经济的发展存在着不平衡性，或者滞后于社会的政治与经济，或者超前于社会的政治与经济。第二，教育对社会具有积极的反作用。第三，教育作为一个独立的活动形式，与其他意识形态有着相互影响的关系。教育以其培养人的独特使命而有别于其他意识形态。但是，教育思想、教育内容、教育方法却时刻摆脱不掉其他意识形态的影响；同时，教育也以其自身的独特性对其他意识形态产生积极作用，进而促进政治、哲学、伦理、科学、艺术、文学等意识形态的发展与进步。第四，教育具有自身发展的历史继承性。教育始终是在继承前人优秀文化成果的基础上不断发展和进步的。由此可见，教育具有一定的个性和独立性。但是，教育的这种独立性是相对的，社会的政治与经济对教育的决定作用却是绝对的。这是因为，社会的政治与经济不仅决定了教育的领导体制、培养目标，还规定了教育的内容。

改革理论表明，社会的变革必然引发教育的变革。随着经济基础的变更，全部庞大的上层建筑也或慢或快地发生变革。这些论断揭示了社会发展变化的客观规律，教育也不例外，必须遵循这一规律。由此可见，教育变革具有客观必然性，必然随着社会关系即物质关系和思想关系的变化而变化。然而，教育变革又不是孤立进行的，它是与政治经济的变革相伴而生的。我国教育体制改革的根本目的是提高民族素质，多出人才，出好人才。教育改革的主要内容包括教育思想的改革、教育体制的改革、教育内容与方法手段的改革等，其中，教育体制改革是重点内容。

高等教育管理体制的变革是多方面的，具体表现为行政体制、办学体制、投资体制、招生体制、就业体制、内部管理体制等方面的变革。其中，一个重要的方面就是高等教育行政管理体制的变革。在高等教育管理体制变革的诸方面中，高等教育行政管理体制变革的意义更为重大。它关涉政府职能转变、中央政府与地方政府的关系、政府与大学的关系等问题。

（二）高等教育行政管理体制改革的内部动力

1. 遵循高等教育自身发展规律的客观要求

进行高等教育行政管理体制改革，也是高等学校的办学任务和办学规律所提出的要求。高等学校服务于经济建设这个中心任务，主要是通过培养专门人才和开展科学研究来实现的。高等学校的教学和科学研究，专业性、学术性很强，有其自身的规律和特点，只有教师和研究人员最清楚该如何办，如何才能取得最好的效果和价值。赋予高等学校办学自主权，有利于教师和研究人员按照高等教育自身的规律和特点办事。由此可见，高等学校有自身的相对独立性，政府在对高等教育行使管理权时，应该尊重高等教育的发展规律，努力营造良好的制度环境，进而实现对高等教育的宏观调控。

2. 提高我国高等教育竞争力的需要

当今世界各国竞争的实质是，以经济和科技为基础的综合国力的较量。科技是第一生产力，经济发展关键靠科技，而科技开发与应用则需要大批优秀的专门人才，人才的培养必然离不开教育。所以，一个国家经济和科技实力的高低，很大程度上依赖于教育水平的高低，特别是高等教育在其中起着举足轻重的作用。而且，21 世纪的人类社会已迈入"知识经济"时代，一国的发展更加依赖于大量优秀的人才，人才培养与储备已经成为国家的战略问题。这也要求一个国家必须有高质量的教育，特别是能在国际上领先的高等教育。

3. 高等学校内部管理体制改革的推动

为适应市场经济的要求，自 20 世纪 80 年代中期开始，我国对高等教育体制进行了改革，目前已经取得了历史性的进展，为高等教育主动适应经济和社会的发展创造了条件。然而，在充分肯定高等教育体制改革取得巨大成绩的同时，还应当看到，与我国社会的经济体制改革相比，高等教育体制改革的步伐还比较缓慢，高等教育市场还存在很多问题，特别是关涉高等教育行政管理体制的改革举步维艰。究其原因，一方面是高等教育行政管理体制改革牵涉中央和地方的职责分工，关涉高等教育的结构布局；另一方面是改革涉及中央政府、地方政府、大学的权力分配及权限范围等重大问题。

二、高校行政改革的阻力

（一）外部阻力与内部阻力

从改革阻力产生的领域而言，高等教育行政管理体制改革的阻力可以分为外部阻力和内部阻力。

所谓外部阻力，是指来自高等教育系统以外的一切阻力，包括来自政府部门、社会、家庭及教育系统其他层面的阻力。

所谓内部阻力，是指高等教育系统内部的一切阻力，包括高等教育行政管理者与高校领导者的素质及高等教育观念、高等教育制度环境、高等教育投入等。

由此可见，改革的阻力是多方面的，这是由改革涉及的利益集团较多决定的。与教育改革密切相关的利益集团主要包括学生及其家长、教育者（包括教师及学校行政管理人员）、知识产业和其他利益集团（工商界），以及国家或政府（包括中央及地方政府部门的教育行政人员）。

纵观我国高等教育行政管理体制改革的内外部阻力，外部阻力中来自政府部门的阻力表现突出。而内部阻力中，高等教育行政管理者与高校领导者的素质和高等教育观念，以及高等教育制度环境等因素则是主要阻力。

首先，政府部门特别是政府教育部门的行政人员，是高等教育行政管理体制改革的政策制定者和执行者。改革一旦深入，势必引起相关利益关系的变化，致使改革深入受阻。其次，高等学校教师目前的专业水平也阻碍了我国高等教育行政管理体制改革的深化。如果专业地位是为这样一些职业所保留的：存在一个专业上公认的关于成就的知识团体；专业准入和工作成就的评价是由专业同行控制的，专业行为的决定是由同事之间的互动和专业团体的自主判断做出的。那么，教学工作在目前的确还不足以成为真正的专业。目前，我国高校教师也面临着此类状况，从而影响了我国高校教师专业化水平的提高，而这也是教师专业化研究成为我国学术研究热点的原因之一。最后，高等教育行政管理的制度环境尚待完善。制度是人类活动环境的重要构成部分。在某种意义上，环境是通过制度而整合起来并对组织产生影响的。教师和校长关于教育过程、劳动分工、教育政策、学生行为等的观念，很少受到他们工作于其中的具体学校的影响，更多的是受制度的影响。当前，与我国高等教育行政管理体制改革政策的落实相匹配的制度环境亟待建设。而高等教育行政管理制度的优劣，决定着我国高等教育行政管理体制改革能否深入进行。

（二）相对阻力与绝对阻力

从人们的利益角度而言，高等教育行政管理体制改革的阻力可以分为相对阻力和绝对阻力。

所谓相对阻力，是指社会上一部分人、一部分利益集团，在改革的过程中会受到物质或精神上的利益损失，他们为了维护自身的既得利益而抵制或反对改革所构成的阻力。

所谓绝对阻力，是指社会上每一个人都可能遭受一定的损失，从而都具有抵制教育改革的动机，其中的重要原因则是出于对教育改革会引起麻烦的考虑。

由此可以得出这样的结论，改革就是利益重新分配的过程。人们对改革持冷漠甚至抵触情绪，都是出于切身利益的考虑。人们反对教育改革，可能完全不是出于某种意识形态的考虑，而是出于实际利益的需要。

因此，教育改革方案作为一种即将实施的公共政策，必须在设计制订之初就充分考虑利益调整与冲突带来的可接受性问题，以及方案实施所需的条件是否具有充分的可行性。可接受性与可行性是赋予改革方案生命力的关键所在。

（三）消极阻力与积极阻力

从阻力性质而言，高等教育行政管理体制改革的阻力可以分为消极阻力和积极阻力。

所谓消极阻力，是指人们对改革的抵触情绪是在不考虑改革的进步与落后、益处与危害的条件下发生的，它源于传统观念的束缚与保守惯性的影响。

所谓积极阻力，是指人们针对改革过程中出现的问题而表现出的不满情绪或反对意见，这种阻力对改革能否朝着良性方向发展至关重要。

具体而言，教育改革的阻力是不可避免的。尽管改革的阻力表面上看常常表现为消极的和保守的，然而它却具有积极意义和价值。任何一场教育改革都必须认真理解阻力问题，并分析其性质而加以区别对待，从而有效地解决改革中的问题，实现改革的目标。因此，对改革阻力应该始终保持一种积极态度。并且，身为教育改革者，还应该正视反对意见及反对者的利益，以便使改革方案更趋近于预期结果。

第三节　高校行政改革的对策

一、完善高等教育行政立法与执行机制

（一）高等教育立法和法规修订过程中的价值取向

行政与行政法的区别如下：

第一，在我国高等教育的立法过程中，我们应该明确规定高等教育关系中不同主体的职责、权利和义务。高等教育系统内部包括高等教育行政管理者、高等教育机构举办者、教育机构、教育者和受教育者五大主体。在高等教育立法中应明确上述不同主体的权利、义务及活动方式，明确划分中央政府与地方政府在实施高等教育管理中的职权、权限范围。为了体现科学、民主和社会参与的原则，中央和地方两级政府及其教育行政管理部门应设立高等教育评估、审议监督机构，在高等教育机构的经费分配、招生和毕业生就业等方面发挥中介作用。

第二，高等教育法规的制定应注重实效。人们往往把侧重点放在高等教育法规内容的构建上，似乎高等教育法规内容一经确定，就意味着高等教育法规体系建立了。其实这是一种错误的认识。高等教育法规能否发挥实效还会受到外在因素的制约。因此，我们在高等教育法规的制定过程中，必须同时做两个方面的思考：一方面，要与高等教育法规相适应，制定比较完善的高等教育法规执行与监督的制度、规范，使之形成一个运行体系；另一方面，强化非制度化的法律监督形式，如社会舆论、监督、举报等，使外在的强制与内在的要求结合起来，即短时效用与长时效用结合起来，这样才能使高等教育法规的执行真正落到实处。

第三，增强高等教育立法与法规修订过程的技术性。发达国家为了使高等教育法规更具权威性、科学性，日益重视立法和法规修订过程中的技术性问题，纷纷邀请法律专家和教育专家共同讨论研究高等教育立法和法规完善问题，严格规范高等教育法规的用词、逻辑及文字表达。

第四，高等教育立法应体现出意志性与高等教育客观规律性的高度统一。教

育法应当是意志化、规范化的客观教育规律,高等教育法规也不例外。但是,这绝不是说教育法规就等于教育的客观规律,规律具有不以人们的主观意志为转移的性质,意志要能正确地反映教育客观规律,要遵循教育客观规律,而不可违反教育客观规律。因而,应该把高等教育立法看作运用高等教育规律总结经验、比较各种方案、进行价值选择的一项重大而严肃的科学研究工作。

第五,把高等教育法规的相对稳定性与深化高等教育改革的导向性有机地结合起来。高等教育法规作为一种法令不能"朝令夕改",要有相对稳定性。但我们又必须针对现阶段高等教育改革和发展中突显的新情况、新问题采取相应措施,对其进行导向性规范,充分体现高等教育改革与高等教育立法的密切关系。

(二) 制定和完善高等教育法规应遵循的程序

立法程序通常指立法机关制定、修改、废止法律的程序。任何法律都必须通过一定的程序,由一定的国家机关制定为具体的法律规范,才具有法律效力,高等教育法规也是如此。

高等教育立法的基本程序包括规划、起草、征求意见、审定、发布。规划是指高等教育立法机构根据高等教育的基本法和社会对高等教育的基本需求,编制出具有指导性的高等教育立法计划。立法部门在认真研究高等教育立法计划的必要性、可行性,明确该立法项目在法律法规中的地位后,由教育立法部门承担起草工作。如果某些重要法规的内容与其他业务部门有密切联系,应由主管部门负责,组建由有关部门构成的起草小组。根据实践经验,高等教育立法起草工作中分析论证的环节最为重要,是高等教育法律法规等起草的关键,是保证法律法规科学性的重要环节。征求意见是法规起草的中间程序。我国目前还没有完善的征询程序和规则,在程序法中征求意见制度还没有规范化。为了使行政法规的制定能体现人民的意志,应该在立法过程中充分征求和听取人民群众的意见。法律法规起草后,政府的立法机构要对法规的必要性与可行性、法规的起草程序等进行审定。立法机关审查后,写出审查报告,交给立法机关正式会议进行讨论,或交给具有审批权的行政首长审批。过去及现行的教育法规发布过程中还存在制定程序不规范、发布形式不统一的问题,这在一定程度上降低了法规的权威性,影响了其作用的发挥。为此,应进一步完善并统一高等教育规章和地方性高等教育法规的发布形式。

（三）建立高等教育法规实施的监督机制

高等教育法规的监督，是指高等教育管理机关、各级各类学校、企事业单位和个人对高等教育法规的实施和遵守状况进行监控和督促。各级高等教育管理机关、各级各类学校有权对下级机关、学校及个人执行高等教育法规的情况实施监督，对模范守法者予以支持、奖励，对执行不力者进行批评、帮助，对违反者要严肃批评乃至给予行政处罚。各高校要总结运用法律手段管理高等教育的经验，协调解决下级组织之间在实施法规过程中出现的问题，保证高等教育法规在本地区、本单位有效地贯彻落实。

高等教育法规的监督是双向的，既需要上级机关对下级机关进行监督，又需要下级机关对上级机关和本单位实施法规的情况进行监督，要欢迎群众对某些单位和个人的违法乱纪行为进行检举和控告，以克服官僚主义、本位主义和不正之风等现象。在监督中还有一种执法检查，它是管理执法机关依法对相对人是否守法的事实予以强制性了解的活动。执法检查是执法的一部分，有一定的法律要求和规定。作为一种单方的、依照法定职权行使权力的执法行为，它的目的在于了解、查实当事人的守法（特别是依法履行义务）情况，故检查不但不必征得相对人同意即可强制进行，而且检查中相对人有服从和协助的义务。

（四）完善我国高等教育法规应注意的主要问题

1. 科学性问题

所谓科学性是指立法过程中的理论依据和事实依据，以及立法者的知识水平的渗入。高等教育法规是建立在对本国教育深刻体察的基础之上的，且以法律专家、教育法律专家、高等教育专家的广泛参与为前提，他们共同斟酌法律词语，洞察高等教育现实，严肃立法程序，最终形成一个科学的方案。高等教育法规的科学性关涉其技术性和民主性的问题。科学性还关涉权威性，因为高等教育法规作为我国教育法律体系的重要组成部分，其一旦被制定就具有绝对的法律效力，就将成为人们采取高等教育行为的法律依据，因而，高等教育法规的科学性越强，其权威性、可信度就越高；反之，其权威性就会受到威胁。因而，我国高等教育法规在修订完善过程中应加强科学性、技术性、民主性，以保证其权威性。

2. 可操作性问题

高等教育法规作为高等教育的法律依据，必须具有可操作性，即可行性。随着高等教育外部环境的不断变化，应制定一套具有可操作性、可行性的高等教育法规体系，使我国高等教育事业真正"有法可依"。特别是与高等教育行政管理体制改革相关的部分，更需要细化和进一步研究，因为高等教育行政管理体制是高等教育的重要方面，它甚至可以对高等教育的其他方面起到导向作用。

3. 准确性问题

高等教育法规的准确性是建立在科学性与可操作性基础之上的。所谓高等教育法规的准确性，是指法律条文富于针对性和个性特征。这关涉高等教育法规的效度、信度问题。从事高等教育立法和法规修订工作的行政人员、专业人员，由于知识结构的差异，在立法意向上可能会出现这样那样的分歧。比如，法律专家与教育专家之间的分歧、行政人员与专家之间的分歧等。然而，立法人员之间的妥协可能会导致高等教育法规失去准确性，有时甚至会动摇法律的严肃性。因此，在立法和法规修订的过程中，必须力求准确。

二、建立高等教育行政审计机制

（一）完善高等教育审计制度

1. 比较审计制度

由于高等教育的收益具有滞后性，其社会收益又难以准确计量，因此，我们很难制定出科学、合理的量化指标体系为高等教育审计工作提供统一的标准。在对高等教育进行审计时可以对不同的高等学校进行分类，即分成研究型、教学型、研究教学型和教学研究型四类。对不同种类的大学分别进行审计，并在比较的基础上制定出该类大学的审计标准；在同种类的大学之间形成竞争和相互监督的氛围，以便于审计工作的开展。而且，为提高各高校对审计工作的重视程度，可将审计结果作为大学评价指标体系的重要组成部分。

2. 效益审计制度

随着市场经济的不断发展及高等教育国际化步伐的加快，国家对高等教育的投入不断增加。为了不断加强和改进教育资源、教育经费的管理及利用，提高教育投资的效益，高等教育经济效益审计应运而生并越来越受到重视。可以通过评价高等教育投入产出的效果来分析各个方面的经济效益。高等教育的投入包括人力资源、物力资源、财力资源三个方面。要合理地评价其经济效益，就要从人力资源效益审计、物力资源效益审计、财力资源效益审计三个方面着手。建立教育经济效益审计制度是为此项审计的进行开辟道路。

另外，对于审计内容应进行动态拓展。高等教育审计的内容和范围，就是高等教育审计监督什么、审查什么、评价什么。拓展高等教育审计内容，一是要紧跟社会形势和教育情况的需要，对一些常规教育审计内容进行调整和更新；二是要避免抱残守缺，积极拓展高等教育审计的新领域，与高等教育的发展相适应，如建立高等教育经济风险审计制度、高等教育环境审计制度、高等教育国库统一支付审计制度等。

3. 质量控制制度

审计质量的控制同样不可忽视，所以必须以制度来加以保证。

首先，建立定期审计和跟踪审计相结合的制度。如今我国市场经济逐渐成熟和完善，对审计质量提出了更高的要求，简单的定期审计还远远不够，应实行定期审计和跟踪审计相结合的制度。对常规经济活动实行定期审计，对于大型或风险性较高的经济活动实行跟踪审计。尤其是基建修缮项目的审计，是目前高等教育审计的一个重点。

其次，建立财务审计与管理审计相结合的制度。财务审计是为确定财务收支是否合法、合规，以及反映财务收支的会计资料是否真实、准确、完整而进行的审计。而管理审计主要审查被审计单位为实现其计划目标的预期效果，是否对其经济资源进行了最优利用，是否使用了建立在高效率基础之上的审计机制。近年来，高校规模的扩大化、经营的复杂化、利害关系人的多样化、管理权限的分层化、内部控制的制度化、信息需求的大量化、信息供求的矛盾化、审计委员会的制度化等，都是促进高等教育管理审计发展的基本动因。而且，管理审计不限于检查过去的活动，它还侧重于事先分析和评价影响效果、效率和资源利用的一切因素，并帮助被审计高校挖掘提高效益的潜力。管理审计的特点是面向未来，具有显著的建设性，与财务审计相结合，更有利于政府监督高等教育事业。

最后，严格执行相关制度。一是审计组长负责制。审计组长应具备相应的资格、能力，审计组长的选任由审计机构领导负责。审计工作要充分，审计工作准备要充分，审计前应做调查，要充分利用信访和纪检、监察方面的信息，有的放矢地确定审计方案的重点和关键点。二是审前综合分析与审后复核分析双重分析制。项目审计工作全面展开前，要对被审计单位会计报表的主要项目指标进行全面分析，项目审计基本完成时，要再一次进行重要指标、收支项目的综合分析，复检核对，以控制大的偏差。三是重点内容和重要时间必审与详查制度。根据不同时期的情况确定教育事业单位的重点审计内容，如教育收费、专项经费的使用等。要把好审计报告质量关，审计报告由审计组长起草，然后审计小组负责讨论定稿，最后由领导审批，还要征求被审计单位意见。重大事项需要报审计委员会讨论。

4. 信息管理制度

审计信息管理是一个新的管理领域，其制度建设明显滞后，但已引起有关方面的高度重视。

首先，建立审计信息公开制度。审计公示制，即审计信息公开制度，是当前一个热门的话题。审计署对于审计信息，除国家机密机关和企业单位商业机密外，均予以公开。公开审计活动和结果，公开审计处罚意见，这是市场经济发展的客观需求，有利于审计主体与客体接受社会监督。建立审计信息公开制度，要遵循如下原则：客观性、及时性、明晰性、谨慎性，并注意保密的规定。公开的内容要符合保密的规定，也要注意避免一些不必要的矛盾。要根据信息的情况和不同层次需要公开信息。公开的方式可以采取走访、开座谈会、抄送审计文书、直接公布等。高等学校审计信息的公开有利于加深社会公众对高校的认识，推动政务公开化、透明化的进程。

其次，建立审计信息交流制度。现代信息交流环境中，由于网络技术的介入，信息的发布方式变得多样而灵活，既有网络杂志、网络图书，又可以通过电子公告板、网络新闻组、网络会议、网络论坛和电子邮件等发布信息，信息的生产者可以根据自己的实际需要自由选择。我国地域广，地区间、学校间的差异较大，建立一个内容权威、页面美观、更新及时的网站，对于信息交流与利用具有重要作用。从长远来看，建立相对独立的教育审计网站，更有利于扩大其影响，促进教育审计的发展，也有利于审计功能的发挥。

最后，建立会议制度，定期定时召开全国性教育审计工作交流会。会议是一种有效的信息交流平台，参与者在会上发言，这是非文献形式的交流，会后将发言内容整理出来就成了文献，因此，会议具有非文献形式和文献形式两种交流方式的优点。通过会议参与者可以交流心得体会、研究成果，了解最新动态，可以开阔视野、紧跟形势。因此，会议是应该坚持的一种信息交流方式。要充分发挥全国性工作交流会作为信息交流平台的作用，推动教育审计信息的交流和利用。另外，国家教育部还可以利用自身优势，有计划、有组织地开展有关高等教育审计的国际交流活动。

5. 经济责任审计制度

经济责任审计是以审计的方式和手段对领导干部进行的一种监督和检查，是社会主义初级阶段政治、经济等国情与审计监督形式相结合的产物。它之所以具有蓬勃的生命力，是因为这种审计形式适应了加强干部管理和廉政建设的需要。但它又不仅仅是审计，它的作用和影响，已经远远超过了审计本身。认真做好经济责任审计工作，对于进一步完善干部管理体制、遏制腐败、严肃财经法纪、促进党风廉政建设和经济发展均具有十分重要的意义。尽管经济责任审计制度才刚起步，但是它已经显示出了强大的生命力和威慑力，并开始在对干部的管理监督，以及对政府与企业领导人的行政行为和经济行为的约束中发挥作用。

（二）高等教育审计机制运行过程中应注意的问题

用制度减少不确定性和降低成本是新制度经济学得出的一个基本结论。有效的制度能够使组织在长期的社会变迁中生存下去，并不断地进行自我创新以适应社会环境的变化。因此，在运行高等教育审计制度的过程中，应注意以下六个方面的问题：

第一，制度的效率性是相对而言的，它没有一个具体的、可计量的指标，因此，制度的建立也就成为社会科学研究的难点。尤其是监督制度，监督离不开信息，有效的监督首先要有效地收集和辨别监督所需的信息，然后制定监督准则，选择行之有效的监督方法，最后形成对高校中肯的评价。目前，要想建立有效的高等教育审计制度，就应与我国社会变革和发展的大环境联系起来，协调政府与高校的关系，增加信息的透明度和可靠性。坚持整体优化是由于地区之间，以及人们对教育重要性的认识存在差异，各地区、各单位的教育环境不尽相同。政府在制定制度时要考虑到地区的差异，不可一刀切，要注意针对性和普适性相结合。

第二，提供创新机制。建立高等教育审计制度要允许高校在财务管理上进行试验和改革，允许高校在法律许可的范围内对高校财务进行自主分配和使用，鼓励高校利用先进的技术、手段或方法进行财务管理改革，鼓励高校开展新的财务管理尝试和探索。监督并不等于控制，审计只是一种审查财务运行状况的手段。审计监督制度的设计也要具有灵活性，基层的监督审计部门要有一定的自我发挥空间，结合本地区、本校的实际情况，制定实际的、可操作性强的审计监督机制。并且，在建立审计监督制度的过程中，也要考虑审计监督部门对外部教育制度、经济制度和政治制度的适应能力，使审计监督部门的活动能够长久有效地保持下去。与此同时，要遵循如下四条原则：一是借鉴国际先进机构的经验与适应国情及实际情况相结合；二是理论与实际相结合；三是以国家法律、法规为基准，完善和细化具体的执行规范；四是坚持逐步完善、不断完善，向系列化、配套性方向发展。

第三，防范财务运行错误，保护高校财务运行的自主权。为了进一步加强高校财务管理和会计核算，提高财务和审计人员的业务水平，可以把近年来高校经济活动中发现的问题，以案例的形式选编成册，供高校主管财经工作的领导、财务处长、审计处长及广大财务、审计工作者阅读。目的是引起大家对这些问题的高度重视，从而使其不断强化法制观念，切实做好财经管理工作，自觉完善内部监督机制，尽可能避免类似问题的发生，更好地保证高等教育事业健康发展。高等教育审计制度的建立不但要注重结果审计，而且要加强预算审计和财务运行过程审计，在事前和事中就发现问题，避免造成更大的资金浪费。同时，还要完善经济责任审计制度，一方面保护高校财务运行的自主权，另一方面也要约束财政部门领导的行为。此外，还要增加对资金配置效率的审计，拓展效益审计的领域，在不干涉学校财务运行的前提下，保证高校财务健康发展。

第四，坚持科学的发展观，加强高等教育审计管理。坚持科学的发展观，一是要将以人为本作为构建高等教育审计制度的原则；二是高等教育审计制度的研究和创建必须与高等教育审计的环境相协调；三是为了顺应时代的发展，必须构建新的高等教育审计制度；四是为了实现教育事业的全面、协调、可持续发展，高等教育审计管理必须满足高等教育改革与发展的客观要求。

在行政管理方面，国家教育部要强化审计管理的职能，机构设置上要提高层次，管理对象和内容上要明确，不但要抓好对直属高校的审计管理，而且要加强对各地方教育行政部门的审计管理。同时，各高校和其他教育企事业单位要把审计管理列入领导班子的议事日程。管理的内容则至少应包括目标管理、质量管理和信息数据管理等。

第五，探索多种形式的高等教育审计领导体制，加强对高等教育审计工作的领导。审计是高层次的经济监督活动，高等教育行政部门和规模较大的高等教育学校可设立审计委员会，实行集体领导与总审计师负责相结合的制度。实行主要负责人直接领导，应符合独立性和权威性的要求。正在不断拓展中的审计项目管理，要贯彻与时俱进的方针，探索和创建科学的领导体制。同时，建立行政监督与纪律、职业道德约束机制。

第六，社会中介机构的活跃程度是衡量搭建于学校与社会、市场与政府间桥梁的稳定性的尺度。中介机构是一个健康社会中不可或缺的媒介。在一个更加开放与民主的社会中，自治而规范的非正式组织的出现，将是更多人参与协助社会治理、梳理沟通各方矛盾、表达利益群体意愿的一种优化方式。

三、建立高等教育行政激励机制

所谓激励机制，就是激励主体为了实现一定的目标，通过一套完整的规章制度与奖惩条例来引导、规范和制约激励客体的行为的管理系统，是在组织系统中，激励主体系统运用多种激励手段并使之规范化和相对固定化而与激励客体相互作用和相互制约的结构、方式、关系及演变规律的总和。

我国政府作为目前高等教育行政管理体制改革的激励主体，应重视建立和完善高等教育行政管理体制深化改革的激励机制，并使其真正发挥作用，以解决诸如高等教育结构不合理，高等教育中介组织、民办高校发展滞后，高校结构趋同，高等教育效益不高，以及高等教育经费增加而效率低下等问题，从而全面推动高等教育的发展。

（一）政府激励机制内涵分析

以往谈到的激励，大多集中在某个单位对本组织内部员工的激励，很少涉及政府对社会事业的激励。事实上，政府的外部激励也很重要，可以调动人们发展社会事业的积极性。所谓政府激励，是指为了调动整个社会各阶层各单位及个人的积极性，政府利用特有的公共权力，采取一定的激励手段来满足人们的需要，诱发人们的行为动机，匡正人们的不良行为，使人们所追求的目标与整个社会发展的目标相一致，从而推动社会发展。

一般来说，政府激励的作用，是由政府与社会之关系和政府属性决定的。在政府与社会的关系上，按照马克思主义的观点：第一，政府产生于社会；第二，政府是有阶级性的；第三，政府具有管理社会的责任；第四，社会对政府的权力进行制约；第五，政府将与国家一起消亡，社会将自己管理自己。政府在推动社会快速、良性发展方面，具有不可推卸的责任。而政府要想完成社会交给的任务，必须采取有效的激励手段，利用激励的功效调动人们发展社会事业的积极性，推动社会的发展。政府要想提高管理社会事务的水平，促进社会长久持续地发展，必然要对人们在社会发展中的作用有充分的认识，在调动人们的积极性上要有一套很好的激励措施，要强化政府激励在社会主义现代化建设中的作用与地位。

政府激励效果的好坏与政府激励机制的优劣成正比。政府激励机制是指政府为了实现自己的目标，根据激励客体的需要，制定适当的行为规范和分配制度（激励手段使用的方式），以实现人力资源的最优配置，实现激励客体利益和激励主体利益的一致，推动整个社会的发展。政府在高等教育行政管理体制深化改革过程中具体运用怎样的激励机制，采取怎样的激励手段，营造怎样的激励环境等，将直接关乎改革的成败。

（二）政府激励的原则

1. 利益原则

正因为利益可以满足人的需要，激发人的行为，提高人参与活动的主动性和积极性，所以它对人类活动具有重要的激励作用。在高等教育行政活动中，同样也体现了这一原则。政府在运用激励机制时，首先应注重利益在高等教育经济活动和高等教育结构调整中的核心作用，采取积极的应对措施，切实保障高校自身利益，保证来自政府的高等教育经费的利用率能大幅提高，从而增强高校及社会对高等教育发展的信心，调动其发展高等教育事业的积极性。政府若要实现对高等教育的激励，就要对高校下放权力，把原本属于高校的权力还给高校。

2. 分类激励原则

分类激励原则就是根据高校的办学形式（或市场化程度的高低）而对其采取不同的激励措施。由于在市场观念、资金、技术、管理、科研、教学及资源利用等方面存在差异，不同高校管理运行的市场化程度也存在着明显的差距。民办高校从事的是专业性教学和科研，他们针对市场需要，培养技术能力突出的学生，研究专项课题，与企业联合办学，教学科研的市场化程度较高；国家教育部直属高校，从事的是综合性教学和基础性研究，其培养的学生大多在社会组织中担任重要职务，是社会精英，其研究成果大多应用于社会公共领域，高校运营的市场化程度较低；省部共建的高校，其教学和科研既以市场需求为导向，又注重政府的需要，高校运营的市场化程度一般。因此，政府在制定高等教育发展的激励政策时，不能搞"一刀切"，而应针对不同类型高校的实际科研水平和教学状况，确立不同的激励目标：有的是激励其实现学校管理的全面现代化；有的是激励其自主发展并在管理运营中积极参与高等教育市场竞争；还有的是激励其逐步完善学科建设，加强科研能力，进一步向综合性高校转变。同时，分类激励原则还要求政府以不同类型高校的实际需要为出发点，制订不同的激励方案，只有这样，才能切实调动不同层次高校的积极性，加速高等教育行政管理体制的调整。

3. 市场性激励与非市场性激励相结合的原则

市场性激励主要是通过拨款、科研竞标来激励高校的教学和科研，高校在其激励下根据市场需求调整学科种类、招生数量和科学研究领域，从而促进高等教育事业的良性发展。要真正对高等教育行政管理体制进行调整，政府还必须利用非市场性激励方式，如行政手段、法律手段等，来鼓励、引导和支持高等教育事业的发展，促进高等教育的可持续发展，避免高校只追求眼前利益的短视行为。因此，对于非市场性激励方式在高等教育行政管理体制深化改革中的地位和作用，应予以重视。

（三）政府在高等教育行政管理体制改革中的具体激励机制

1. 经济激励机制

我国政府的激励行为必须转到提高政府为高等教育事业服务的质量上来，按照教学水平和科研能力将高等学校分为几个层次，对于不同层次的学校给予不同程度的经济支持；同时，为高等教育事业融资创造机会，着手让更多的私人经营者或企业参与高等教育事业；鼓励发展民办高等教育，特别是与国外知名大学进行联合办学，或者在我国成立国外知名大学的分校，让其在为自身谋取利益的同时也为社会创造更大的价值。

建立政府对高等教育行政管理体制改革的经济激励机制，亟须解决如下问题：

第一，建立高校经费竞争激励机制。教育经费是由政府提供给高等教育事业，供高等学校自身发展、建设用的资金，它具有专属性、不可挪作他用等特点。政府对高等教育提供经济支持的目的，是弥补高等教育作为一种准公共物品的市场失灵。但政府对高校的经费拨款长久以来都统得过死，缺乏灵活变通。这样做尽管弥补了市场的失灵现象却排斥了高等学校之间的竞争。政府提供的高等教育经费并不能满足高等教育事业发展的需要，原因之一在于政府对高等教育的拨款方式缺乏良好的激励机制。在市场经济体制下，只有利用政府的经济行为为高等教育提供一定的经济支持，并把高等教育经费的获得推向市场，利用市场竞争激励机制优化高等教育经费拨款，才可以充分满足高校对高等教育经费的需求。这一方面可以降低政府的施政成本；另一方面可以满足高校对资金的需求，从而更好地调动高校的积极性。

第二，建立高校分层拨款模式。政府是高等教育拨款的主体，政府的分配制度是否公平，直接关乎政府对高校经费的分配公平与否，会影响从事高等教育事业人员的工作积极性的发挥。所以，政府对各高校的教育经费要进行调控，对高校进行分层，对高水平大学应提高拨款额度，对没有科研能力和教学水平低下的高校，政府要利用经济杠杆鼓励他们提高科研能力和教学水平，以调动高校办学的积极性。

2. 管理激励机制

高等教育作为一种准公共物品，政府有责任对其行使管理权，这是不容置疑的，但是长期以来由于受计划经济体制的影响，高校并未获得应有的权力。政府采取适当的方法"放权"给高校，尊重高校，这不仅对优化政府决策、提高政府工作效率有益，还将激发高校参与制定国家教育发展战略的兴趣并提高其工作的积极性，对我国民主政治进程也大有裨益。

当前，建立政府对高等教育行政管理体制改革的管理激励机制亟须解决如下问题：

第一，加强高等教育中介组织的建设，实现政府部分权力的转移。政府对高等教育的管理权应该交还给高校或让渡给中介组织，由高校自己管理自己或由中介组织对高校的发展建设提出建议，形成高校自我激励机制。中介组织主要指一种具有一定社会性、非营利性和独立性的组织，又称为非营利组织。利用高等教育中介组织来管理高等教育事业既可以给政府重新定位，又可以满足高校自主管理的需求，调动高校的积极性。

第二，加强政府教育信息平台管理模式的建设。在市场经济迅速发展的今天，教育与经济之间的联系日益密切，高等学校必须根据社会经济发展的要求及时调整结构，改进教学内容与方法。高等学校应实行开放办学，而不是封闭办学。为此，只有在掌握大量、准确、丰富的资料和信息的基础上才能做出正确决策。而这种资料的收集与整理仅靠个别高校自身的力量是很难做到的，需要高等教育行政管理部门及时地、全力以赴地利用教育信息平台提供相关的咨询和信息服务。同时，伴随着教育改革进程的加快，对各地改革的经验与教训应及时总结并加以反馈，这也需要政府教育管理部门把这些信息及时输送给学校，供学校进一步改革时参考。在这一点上，政府有着得天独厚的条件和实力。

3. 目标激励机制

目标激励主要强调利用目标设定的合理性激励被管理者。我国政府在激励高等教育事业发展时，也可以使用目标激励方式进行激励。政府目标激励就是政府利用目标对高校的办学动机进行引导，通过目标设置来激发高校办学的积极性，使高校的办学目标与国家的高等教育目标紧密联系起来。目前，国家的高等教育目标是：发展建设高水平的大学，提高国民素质，提升我国的综合国力；争取用几年时间使我国高等教育事业的发展水平上一个台阶，力争建设一批国际知名的学府。在这一目标的指引下，高校结合自身的特点各自努力，既为自身的发展而奋斗，又为政府制定的高等教育发展目标而奋斗。目标激励机制的运用对调动高校的积极性起了重要作用。

构建政府对高等教育行政管理体制改革的目标激励机制需要注意的问题包括两个方面。第一，目标的确定要与社会对高等教育的需要相联系。不断调整高校学科结构使之与市场经济结构相适应，满足高校发展和社会经济发展的需要，使高校的毕业生能够尽快适应社会工作，这是调动高校办学积极性的关键。社会对人才的需要是多层次、多方面的，因此，政府在设置目标的时候，尽可能地把高校的需要与社会政治、经济、文化的发展融为一体，在满足高等教育自身发展需要的同时促进社会经济、政治、文化的发展以及国家的进步。第二，高等教育目标的制定要分阶段、分层次。政府在制定高等教育目标时，要结合不同时期的基本情况，分阶段制定高等教育目标，要根据不同高校适当制定不同的发展目标。目标的高低要结合高校的实际情况，突出高校自身的个性。

4. 环境激励机制

政府激励的实施总是在一定的环境中进行的，高校也要在一定的政治经济、文化和大的国际高等教育环境中生存。环境激励对高校办学积极性的形成和发展有着重要影响，对政府实施激励也有制约作用。政府环境激励机制为其他激励机制的运行提供了一个平台。因此，政府需要创设一个良好的环境激励机制。

环境一般可分为外环境和内环境。外环境是指高等教育以外的环境，内环境主要是指高等教育内部的环境。其中，外环境又包括政治环境、经济环境、人文环境等。政府激励高校办学积极性，不仅要面对国内的实际情况，还要注意国际高等教育动态，注意为国内高校营造一个良好的高等教育内部环境。外环境也是激励高校办学积极性一个不可忽视的因素。稳定的政治环境、可持续发展的经济环境和积极向上的文化环境，是高等教育事业顺利发展的根本条件。只有政局稳定，人们才有机会发展高等教育；只有经济稳定，高等教育事业才有发展的动力；只有文化繁荣，高等教育事业的发展才能实现多样化。作为国家权力的代表，政府必须保证社会政治、经济、文化环境的稳定，以激励高校办学的积极性。当然，除了社会环境之外，政府还要构建一个良好的自然环境。高校的自然环境也是陶冶学生情操，繁荣校园文化不可或缺的因素。总之，政府必须注重社会和自然环境的建设，为高等教育事业营造一个政治开明、市场经济体制完善、人文精神高尚的环境氛围。这不但能从环境上激励高校办学，而且符合社会历史发展规律和高等教育发展规律。

5. 法律激励机制

法律对人们的行为有调节作用。法律有激励功能，可以认可人的行为，纠正人的行为；可以使人产生认同感和义务感；还可以使人产生公平感以及形成目标，弱化人们某一行为或者增强某一行为；等等。法律的激励功能使法律在政府激励机制中扮演着十分重要的角色。在高等教育行政领域，法律的最高境界在于通过具有"强制力"的法律规则或规范，实现"非强制性"的法律激励，实现高等教育与社会的和谐发展。或者说，通过"强制地"让高校不做什么，产生"非强制地"让高校做什么的普遍激励，实现高校自身利益与社会利益一致。

建立政府法律激励机制必须注意的问题是，根据市场经济的需要构筑市场经济条件下的高等教育法律、法规。市场经济是法治经济，对不规范、不健全的高等教育法律必须加以完善，以调节高等教育行政管理行为。要通过法律打击违法行为，匡正、保护正当的高等教育行为，构建一个平等高效的法律激励机制。

6. 激励反馈机制

良好的政府激励机制必须有一个健全的反馈机制。反馈机制是政府激励机制实施的"调节器"，既可以及时了解政府激励机制运行是否良好，又可以检验这一机制是否合适等，以便决定是坚持现有的激励机制，还是及时调整、重构激励机制。

构建政府对高等教育行政管理体制改革的激励反馈机制，应注意以下三点：

第一，政府激励效果的检验。政府必须大致了解激励的效果，以便为政府激励机制的重构提供依据。一般来说，政府激励效果的检验途径，主要是通过民意调查来检验高校受政府激励前后积极性的变化。民意调查通常在政府某一激励手段实施后进行，通常是调查高校的领导、教师、学生及社会人士，考察他们的满意度、支持率是多少。如果他们对政府采取的某种政策、方式的满意度高，支持率高，他们的积极性就高，政府的激励效果就好；反之，政府的激励效果就差。

第二，政府激励效果的信息反馈。依据激励实施的效果，政府应不断调整激励的方式和手段。政府的激励手段不是一成不变的，而应根据高校的需要和激励的效果及时调整，也就是说要因地制宜地使用激励手段。

第三，为了使激励机制的作用得以有效发挥，还必须注意政府诱导因素的多样性问题，以及信息交流平台的先进性问题。

此外，我国政府除了运用上述激励手段以外，还须综合运用其他激励手段，只有这样，才能更好地调动人们的积极性，而信息交流平台是高校及时获知政府实施的激励手段的关键途径。

四、建立高等教育行政协调机制

（一）高等教育行政协调的必要性分析

1. 高等教育市场的信息不对称

传统经济理论认为，市场中的每个经济行为者都知晓市场上全部相关商品的价格行情。于是，全部决策都是在完全确定的条件下进行的最优决策，不存在决策失误和投资风险问题。显然，这只是一种理想的假定。由于人们对现实中的经济信息难以完全了解，以及某些经济行为人故意隐瞒事实、掩盖真实信息，因而现实经济生活中具有完全信息的市场是不可能存在的，不同市场均不同程度地存在着不完全信息。

不完全信息的存在，使各经济行为人在认识市场环境状态上存在着差距，并导致每个经济行为人所进行的市场活动及其结果，无法及时地通过价格体系得到有效传递。非对称信息是不完全信息的一种典型表现形式。如果市场的甲方比乙方掌握更多的信息，不完全信息就更加明显了，我们称此时的市场信息为非对称信息。存在非对称信息的原因主要有两个方面：一是社会分工越来越细。对每一项专业来说，专家和非专家所具有的知识差距越来越大，同一行业的两位专家可能完全无法理解对方的专业知识。而在市场这个大熔炉中，专家和非专家都必须加入其中，市场的一方是专家，另一方是非专家，他们之间在信息和知识上的差距形成了不对称信息市场。二是私人信息的存在。人是复杂的、难以捉摸的，这使得关于人自身的一些信息具有隐藏性，如身体状况、情感波动及消费偏好等都成了隐藏的个人信息。

2. 高等学校管理系统失灵

和市场配置、政府干预一样，在一定条件下，高等学校由于制度、组织等的缺陷或外部环境的限制，不能对高等教育资源进行有效配置，导致管理效率低下，这是高等学校管理系统失灵的主要方面。造成这种现状的原因主要有以下三个方面：其一，政府校正市场失灵措施的决策和实施过程缺乏科学化民主化因素，且监督机制乏力；其二，高校管理系统局部效能低下，在国际技术实力的非均衡状态下竞争能力不高，无法从技术进步中获益；其三，多方行政主管部门共同管理，彼此之间缺乏协调。影响高等学校管理的主要力量是学校行政力量、校内市场力量和校内学术力量。

（二）政府进行高等教育行政协调的优势

1. 国家体制的职能优势

国家体制的存在在一定程度上弥补了市场机制带来的弊端。这种优势主要体现在：国家提供法律和秩序，确定了市场运行的规则和运行主体的社会关系，保障市场交易活动的开放与透明，保护公开、公平的竞争，反对和制止市场活动中的垄断行为；国家通过财政、金融及其他手段调控社会经济活动，提供和维持市场得以正常运作的稳定的经济环境；国家为社会各项事业发展提供一些基本的服务，如建设基础设施，通过政府垂直渠道提供有关信息以弥补市场信息不完全的缺陷；国家保证社会公平原则贯穿社会各项活动的全过程，建立和维持社会保障体系，对市场活动中的各种弱势群体提供保护。此外，在社会的发展过程中，人们总会遇到一些重大的危机和威胁，如战争、自然灾害、经济危机及广泛传染的疾病等。在这些情况下，国家有能力集中社会的人力、物力和资金重点投向特定领域和特定事业，尽快克服危机和消除威胁。对于在市场机制下高等教育发展中产生的冲突，国家有义务也有能力进行调节。

2. 政府职能转变的优势

转变政府职能涉及两个方面的基本内容：一是把市场能够做的事情交给市场，把生产经营的权力真正交给企业，把政府的责任重点放在市场不能做或效能差的地方，把政府职能切实转变到宏观调控、制定产业政策、规范市场、搞好基础设施和提供公共服务方面来；二是还权于民，调整政府与社会的关系，把政府"不该管、干不了、干不好"的职能转移给各种社会组织，让其来承担。

（三）建立高等教育行政协调机制应注意的问题

1. 树立高等教育行政协调的观念

在高等教育行政管理的观念上，国家主义与政府全能管理的传统体制造成的消极影响尚未彻底清除。社会对政府职能的期望值普遍过高，其他社会机构对政府的依赖程度还相当高。因此，建立并完善高等教育行政协调机制，必须克服旧观念，树立服务全局、主动配合的新观念，克服狭隘的部门利益思想；必须树立分工制和层级制的现代管理观念。不同层级的政府处理不同层次的事务，这是分工制和层级制的重要体现，而按照分工制的原则，由相关部门全权处理某方面的事务是十分正常的，并不存在"谁高谁低"和"谁管谁"的问题。各部门如能够从这种心态中解脱出来，许多矛盾和问题就会得到解决。

2. 把握对高校协调管理的度

在对高等教育进行行政协调时，高等教育行政管理部门既要大胆地开展工作，又要注意不越权、不揽权。一方面，既不能因为权力的下放而卸下对高等教育行政管理的义务，又不能因为部门的交叉性较高而推诿高等教育行政管理的责任，应该充分认识行政协调的空间，大胆地开展工作，充分发挥行政协调的优势；另一方面，在对高校进行行政协调时，政府要丢弃直接干预的做法，要以向高等学校"还权"为宗旨，明确自己的工作定位，不直接、不过度干预高校的自治，在领导任免、确定大学规模等方面应该尊重高校自身的发展规律，把重点放在政策引导和矛盾调解上。

3. 进行有效的管理信息沟通和反馈

管理信息沟通，指的是高等教育行政管理系统与外界环境之间，系统内部各部门之间、各层次之间、各人员之间，凭借一定的媒介和通道传递思想观点、情感，交流情报信息，以期相互了解、支持与合作，谋求管理系统和谐有序运转的一种管理行为或过程。沟通要达到的目的是统一思想，有了统一的思想才会有统一的行动。沟通是协调的前提条件和方法，协调是沟通的结果。沟通在于求得思想上的共同理解，协调在于求得行动上的协同一致。沟通和统一思想，有利于增强管理工作人员的集体意识，提高服务质量和工作效率。

管理信息反馈，即管理系统对外界输入的情况加以转换分析，通过制定政策或提供服务等方式反作用于外部环境，再根据外部环境的变化对自己的政策和行为加以调整，以达到提高管理水平的目的。管理信息反馈是调节高等教育行政系统与外部环境关系的重要环节，若管理信息反馈不畅通，系统便会僵化甚至解体。因此，高等教育行政部门应进一步加强并改进高等教育动态信息的报送工作，保证报送的情况真实、准确、及时，保证信息传递的数量和质量。

4. 综合运用高等教育行政协调的方式

高等教育的行政协调方式，主要包括强制性行政协调方式、引导性行政协调方式和参与性行政协调方式。强制性行政协调方式是指，为了实现高等教育行政管理系统中高等教育主体之间的目标整合，形成稳定有序的网络机制，政府行政协调必须保持一定的刚性和力度，能够通过具有强制性的法律措施和政策指令，来校正市场机制的失灵和高校系统的失灵。

但是政府任意扩大强制性行政协调方式的适用范围，可能导致权力的滥用和决策的失误。因此，政府的引导性行政协调方式就显得尤为必要。比如，高等教育财政激励政策的制定与实施、高等教育信息的提供与传播、鼓励产学研一体化政策的制定与实施、高等教育人才资源整体开发政策的制定与实施等。

参与性行政协调方式，也就是建立一种高等教育公众参与的机制。这是切中社会需求，实现管理决策民主化的重要机制，也是使分散的社会利益与高等教育行政决策意向保持一致的重要途径。公众参与的主体是普通民众和高等教育行政管理部门，参与机制调整的是民众和高等教育行政主体两个方面，包括政府的政策、决策、行政处理决定等行政外部行为，以及民众的意愿、要求等。

目前，我国采用的公众参与方式，包括由政府召开各种专题调查会、论证会、听证会，网上征求意见，开通电话热线，等等。通过吸引公民及各种社会组织经由各种渠道和形式直接或间接介入管理行为，来协调分散的社会利益与教育政策之间的不一致，从而实现高等教育行政管理与社会需求的统一。

第五章
高校智库的组织

第一节 高校智库的组织建制

一、高校智库组织建制的特征表现

（一）组织管理结构

高校智库以产生高水平研究成果，为政策制定者服务和产生政策影响力为重要目标，组织内部责权明确，并且形成了制度化的以任务需求和问题导向为特色的管理结构和管理部门，实体性运行增强了组织发展的稳定性和可持续性。

高校智库隶属于研究型大学，作为大学的基层组织，接受大学的行政管理是高校智库区别于其他独立性智库的重要特征。在机构的性质上，高校智库可能是研究型大学内部设立的独立的或直属性研究机构，也可能是依托于某学科隶属于某个学院或研究所而设立的研究中心。

高校智库组织的内部领导体制多实行委员会领导下的主任负责制。委员会由校内外知名专家学者担任成员，主要负责对机构的发展目标提供建议和咨询，对领导权力的运作和机构的运行进行监督和管理，使得高校智库的发展维持一个良好的方向和动态。高校智库组织的中心主任通常由具有较高社会声望和影响力的知名学者及政策研究者担任，并通常设立若干个执行及副主任辅助管理。主任和副主任是高校智库的核心领导层和管理层，他们对组织的发展和日常管理进行重大战略规划和思想引领，为高校智库开展研究活动提供资源和人力支持。依据组织隶属关系的差别，高校智库的主任需要向不同的领导层汇报工作。

基于问题导向的科研任务的需求及机构管理的需要，高校智库组织设立若干个负责管理、咨询和辅助性的服务性机构，为科学研究活动的顺利开展提供各种服务性工作。如胡佛研究所设立各种委员会负责咨询、管理、学术、国际和监督事务，图书馆、财务处、秘书处等若干办公室等负责具体的管理和辅助性服务工作，以确保政策研究工作的顺利开展。

（二）资金来源结构

研究型大学为高校智库提供部分的发展性资金，高校智库其他的资金渠道也非常多元化，主要包括捐赠资金、政府拨款、项目资助及各种机构收入等。多元的渠道和充足的经费确保研究顺利开展，最大限度地使得研究观点不受资金提供者及项目委托人影响，自由地进行独立性、客观性和可信赖的研究。机构性质不同其资金渠道和比重也有差异。

（三）科研组织模式

高校智库依托研究型大学的学科研究基础，进行专门的政策相关问题的应用对策性研究。一流高校智库的研究内容一般紧紧围绕特定时代国家发展的战略需求，重点关注国际、国内及聚焦世界某些特殊地区面临的重大现实和热点问题。具体的研究领域通常会涉及政治、经济、外交、科技、能源和环境等，选择某些具体的研究问题进行专业性、系统性，以及有些进行长期性的追踪性研究，以期树立研究品牌，形成研究声誉和影响力。

为更好地开展科学研究，解决面临的现实政策问题，服务于政策制定者的需求，高校智库形成了以问题为导向的研究项目组集聚人才的研究模式。依托于研究型大学的人力资源优势，基于研究领域、研究基础和研究问题的需要，高校智库以任务导向的项目工作组为依托，召集校内多学科研究团队开展研究。研究项目组聚焦特定问题，依据项目研究的具体需求，遴选多个学科领域的校内外专家参与研究。国际合作与安全中心每个项目团队都涵盖人文社会科学、理工类和工程类专家。地球研究所采用横切方式召集校内外不同部门学科专家。每个项目工作小组包括多样化的研究队伍，如国内外及校内外的知名教授、访问人员、学生及政府机构人员，不同层次及不同年龄段人员互动合作。建立利于提高成果质量和解决问题的跨学科团队，发挥研究型大学多学科研究人才集聚的优势，融合人文社会科学、自然科学和工程，召集大学多个层级、部门和年龄阶段人员包括相关领域的研究生组建研究团队，融合基础研究与应用型研究，以有效解决问题为最终目标。以胡佛研究所为例，工作小组是针对特定的研究目标，召集各个学科领域的专家组成，来自胡佛研究所的高级研究者负责领导和协调工作。

（四）人员配置模式

高校智库建设的关键是要有一支高水平的人才队伍。与高校智库发展需求相匹配，需要召集多学科背景、思维先进、有独立观点并且乐于从事咨政建言工作的关注现实问题且具有务实精神的研究人才。因此，在人员配置模式上，高校智库依据研究需要，以任务需求为导向，解决现实政策问题为目标进行人员配置，鼓励不同背景、不同经历的人员广泛地参与，如引进大量的访问学者、博士后科研人员、兼职人员和来自其他领域如政府、媒体的人员，以建设思维活跃的高水平的专业研究队伍。

例如某研究所，其人员配置模式具有鲜明的特色，人员配置分为各类常驻研究员、访问研究员和管理辅助人员三类。研究人员通常都是某些领域的高水平专家，是该研究所的研究主力，这些学者基本上都在各个领域有很高的知名度，也得到广泛的社会认可。许多学者获得多个国际及国内重要奖项。在常驻人员的聘任及管理上，研究所可以自行任命高级学者、高级研究员和研究员。

二、高校智库组织建制的基本模式及其发展逻辑

（一）高校智库组织建制的基本模式

通过以上分析可以发现，矩阵式组织结构成为当前一流高校智库组织建制的基本形态。作为一种重要的组织结构形态，矩阵式组织结构将学科系统与问题导向的项目系统进行有机结合，它适合于以解决现实政策问题为重要目标的智库的发展定位需求。矩阵式结构纵向依托一定的学科研究，遵循学科发展和研究的基本规律；横向以政策相关问题为导向，以解决现实问题产生政策影响为目标。这种组织结构设置及其开展研究的方式充分适应高校智库组织问题导向的研究方式，在研究型大学也具有充分的人事和资源条件储备。

作为20世纪50年代兴起的一种组织结构，矩阵式结构既纵向联系职能部门，又横向跨各个职能部门，既重视分工又重视合作。弹性较强，根据具体的工作的需要，集中人员、知识和技能，不受行政及体制的困扰。同时，矩阵式组织结构的优势在于当各种活动比较复杂又相互依存时，有助于各种活动之间的协调和对专业人员进行高效配置。研究型大学的科研活动许多并不是单单依托某一个学科可以单独解决的问题，需要多个学科或专业、多个知识领域的专家合作才能够解决。虽然许多机构会临时从其他院系和科研组织抽调相关的科研人员组建研究团队，成立暂时的项目小组来解决。但是，这种组织形成也会耗费大量的精力和成本。对于长期性合作或短时间内不能完成的项目来说，需要专门设立组织形式来保证组织和研究活动的实施。作为具有正式组织建制的实体化运行、区别于传统院系组织的组织机构，高校智库逐渐发展起来。

作为研究型大学的基层组织，高校智库以基于项目负责人制的矩阵式科研组织管理为基本形式开展研究。项目体现了工作的一种组织方式，它是面向预先制定的目标而做的有组织的工作，又是具有一定预算和时间进度的独特的有风险的事业。项目是组织中有头有尾而非持续性的工作，是为达到一个特定目的而将人力资源和其他资源结合成一个短期的组织。区别于其他类型的按部门和专业的分工活动，项目管理活动更加注重全面综合管理，格外注重目标、效率和团队建设。为实现项目管理的目标，通常使用项目负责人制，即把时间有限和预算有限的事业委托给项目负责人，项目负责人有权独立进行计划、资源分配、协调和控制。作为一种项目管理制度，以强制性和约束性的方式确定了从事研发项目管理人员的权利和义务，统筹项目的组织、协调和项目实施方案的落实，对项目的策划、资金使用、项目实施和项目成果管理实行全过程负责。项目负责人制的管理模式适应了大科学时代科研项目的特征及其项目管理的要求，它强调科研项目的相对独立性，注重团队管理过程中的柔性原则。

基于项目负责人制的矩阵式科研管理形式可以充分发挥项目和职能部门各自的优势。职能部门掌控资源，负责具体的管理事务。项目负责人依据具体的研究任务，组建科研团队。科研项目关系到组织的长期竞争优势，在智库的发展中具有战略意义。职能部门负责服务并配合项目的实施，对研究型大学范畴之内的学科和人力资源进行优化配置和协调，以更好地服务于智库的知识生产与转化活动，高校智库的组织运行形态使得研究型大学内部的人文社会科学知识生产与转化活动更加高效、系统化、规范化和专业化。

高校智库以解决现实问题为导向，而现实政策问题具有复杂性，仅凭一个学科难以有效地解决问题，因此，需要多个学科专家的参与和合作。高校智库组织作为沟通知识与政策的重要平台，具有一定的组织开放性，可以吸引和集聚多学科专家的共同参与。多学科交叉以实现协同创新作为一种重要的研究方式，适宜于在具有开放性的智库组织中开展，它可以辅助高校智库及其研究人员生产、传播和应用标准化和专业化的政策研究成果，并有效地解决现实政策问题。

（二）高校智库组织建制的发展逻辑

1. 国家政策需求导向的强制性制度逻辑

强制性制度逻辑指制约、规制和调节社会组织结构或行为的逻辑，以享有正当权力的国家和优胜劣汰的市场为代表。它源于组织所依赖的外部系统对其施加的正式与非正式的压力，这种压力可能被组织感知为一种强制性的力量。在许多情况下，组织的强制性变迁是对国家政策导向和政府行为的有力回应。国家政策导向为高校智库的建设提供了一种政策性和项目性的引导。

全球大部分智库多是政府或政党需求和倡导的产物，研究型大学也结合自身特色和优势，建立高校智库机构，而且高校智库机构的组织结构设计及其科研组织形式上也呈现出相似的状态。高校智库的迅速发展，主要源于政府、党派或其他群体对研究型大学高水平咨政建言的迫切需求，并通过相关的政府政策传递给研究型大学。在传导性的社会影响力之下，研究型大学纷纷建立智库咨政建议职能的研究机构，为政府决策提供建议咨询。

随着政府和党派团体对研究型大学咨政建言的需求越来越多，高校智库的组织建制形式在大学内部逐渐扩散起来，许多研究机构采用了相似的组织建制，通常以研究中心、研究所或研究院命名，并采取了相似的组织结构设计和科研组织形式。政府、党派或其他部门需要高校智库发挥作用提供高水平研究成果，同时也拨付研究资金以供高校智库加强组织建设和研究工作。智库类研究机构声称保持研究的客观性和专业性，帮助政府或决策者解决现实问题而出谋划策，以此获得发展资金和其他资源。在国家政策的倡导及研究型大学智库实践的合力之下，具有智库定位的研究机构在研究型大学内部迅猛地发展起来，这构成了高校智库及其组织建制特征形成的重要原因。

2. 规范性制度逻辑

规范性制度逻辑强调社会规则和基本规范对组织发展的影响，它超越了单个的行为主体的意愿和发展需求，特别注重以社会道德和第三部门的基本规范为代表和制度约束。规范性制度逻辑主要源于专业化进程及其对组织发展的影响，具体表现为从科学认知的层面上对高校智库组织建制的形式、内容及其合法化建设提供理论和实践上的支持。与此同时，在规范性制度逻辑的作用下，高校智库组织也在一定程度上实现专业化和独立性的发展。

在规范性制度逻辑的发展及其形成机制中，学术同行评价及其他社会机构的第三方评价如大学研究机构或其他社会组织机构进行的智库排名，可以在一定程度上对高校智库的规范化和专业化发展起到推动作用。为提高政策研究成果的质量，许多高校智库也采用类似学术同行评议的方式邀请学术同行及政府相关人员对其政策研究成果进行专业性的评价和论证。同行评价可以吸引不同学术背景的专家参与研究成果的讨论，针对某个具体的政策研究问题开展头脑风暴和相关研讨，从不同的研究视角来提出专业化的和可操作性的建议，从而在很大程度上提高研究成果的学术认可度和政策认可度。

智库排名作为一种可以迅速了解全球智库发展概况的媒介，也变得越来越流行。当前已有的代表性的智库排名主要是由大学研究机构（比如，宾夕法尼亚智库与公民社会研究项目，同行评议）及第三方机构（比如，零点咨询公司，定量评价）开发的。这两个排名都有明确和详细的评价指标，主要采取同行评议的方法进行数据资料收集，关注智库组织建设及其影响力。

当前，智库排名逐渐发展起来，然而却没有专门针对高校智库组织的科学的定量评价体系。虽然不能盲目相信智库排名的结果，但是对处于发展初级阶段的高校智库而言，可以较迅捷地发现自身在智库排名中所处的位置，并依据自身的发展条件和智库排名的指标设置，在某些指标上进行适当的改进，这在一定程度上也使得高校智库朝着规范化和科学化的方向发展。

高校智库组织的专业化有别于一般意义上的学科组织，其根本特质是为更好地实现咨政建言的目标职能而进行的一系列相关的组织制度设计，主要包括为产生高质量的研究成果而组织科学研究的方式，为更好地传播思想采用的信息传播渠道，以及为产生较高的政策影响力而雇用专业化的人才团队，等等。虽然当前还没有针对高校智库组织的公认的评判标准，但是学术同行评价和其他机构的智库排名，却潜移默化地促进了高校智库组织的专业化。

3. 个体的认知性制度逻辑

认知性制度逻辑强调在某些具体的行为方式具有不确定性的情况下，为了规避风险，而主观认同已经存在的得到公认的组织行为方式，从而采取模仿性的行为。这也是高校智库组织建制特征形成的一种重要的制度逻辑，它对处于发展初级阶段，逐渐摸索高校智库建设的行为举措具有很大的解释力。

研究型大学中有政策企业家精神的研究人员越来越多，许多大学教师不再以学术研究为主要任务，而是更多地参与到政治和经济活动中，这影响了大学的学术生态环境，也使得智库在研究型大学迅猛发展。在高校智库发展的初级阶段，许多实践者会存在由于对智库概念的不清晰，以及对智库组织的不了解，而简单模仿已经存在的高校智库的行为。表现为在具体的高校智库的组织制度设计中，借鉴著名智库组织的有益经验，这成为处于发展初级阶段的高校智库的普遍性做法。这在一定程度上使得高校智库组织具有类似的组织建制特征，比如，许多具有智库职能的大学研究机构一哄而上，成立若干研究中心并组建研究团队以顺利开展问题导向的跨学科研究。在管理制度上，许多也借鉴知名智库的做法，成立国际顾问委员会，对组织机构的设置和运行提供相关的建议和咨询。

强制性制度逻辑或认知性制度逻辑主要发生在组织建设的初级阶段，对科学的行业规范不是特别清楚的情况下，这可以使得组织迅速发展，并与高水平智库进行有效的对话，获得生存的空间和合法性。但是，在经过长时间的发展以及组织的运行呈现常态化之后，以专业化为核心的规范性制度逻辑也将决定高校智库组织的发展方向和发展水平。

第二节　高校智库的组织人员

一、高校智库组织人员的角色特征之教育者

为社会各行各业培养专业人才是研究型大学的核心职能，也是大学教师最重要的学术职责和社会使命。高校智库与研究型大学有天然的组织隶属关系，许多具有智库定位的研究机构也具有人才培养的职能，这决定了高校智库人员一般会具有大学教师作为教育者的普遍性特征，即具备良好的知识功底和优异的教育教学能力，具备成为教育者应当具有的基本素质。教育者的个性特征包括好学、乐教、执着、懂得同情、爱憎分明、从善如流、严于律己、虚心谦让和循循善诱。教育者是人类灵魂的工程师。基于教育者应该具备的专业素养和个性品质，教育者也通常被社会赋予重要的责任及维护或塑造社会良知的厚望。他们像黑夜中执掌明灯的人，被默认为"暗"和"亮"之间的中介。高校智库组织人员作为培养专业人才的教育者，需要挖掘学生的个性特征，并通过专业的教学活动以传授知识，通过广博的通识教育去塑造学生合理的知识结构、能力结构和素质结构，使学生成为有创造性的个体。

作为高水平学科研究人才的储备库，高校智库依托基础理论研究与政策咨询实践相结合的方式培养适应时代需求的未来的公共政策研究者和接班人。以大学人才培养职能为基础，将人才培养与资政建言相结合，将资政建言实践融入学生培养的过程和实践，培养学生参与公共政策实践研究活动的责任意识，提升学生的公共政策咨询知识方法素养，促进高校智库公共政策分析实践可持续发展。高校智库将人才培养与资政建言相结合是有别于其他类型智库的重要特征。

高校智库主要通过三种形式培养人才：一是设立学位项目；二是招聘相关学科研究生参与研究；三是研究人员在其他学术部门培养学生。其中，学位项目包括本科、硕士及博士阶段的专业教育和联合培养，学科知识与政策研究项目相结合，理论素养与实践能力相互促进。

除此之外，高校智库专家做政策问题研究且以资政建言为最终目标，把政策

研究成果告知于政策决策者，这也在一定程度上也担当着"教育者"的角色。即高校智库专家将自己的研究成果以简明扼要的方式告知决策者，使得作为专业外行的决策者可以理解并接纳研究建议，从而将研究成果向外部辐射，并且应用到复杂的公共政策决策和政策制定过程中去。如果高校智库专家在已有的高质量的研究成果基础上，可以更好地担当教育者角色，发挥告知政策的职能，那么其研究成果的政策影响力可能会更大。

二、高校智库组织人员的角色特征之研究者

大学是知识探究的场所，这决定了大学教师必然具备研究者的特质。只有研究，才可以探求未知，实现创新。最好的研究者才是最优良的教师。只有这样的研究者才能带领人们接触真正的求知过程，乃至于科学的精神。大学教师的研究不限于理论研究为主的基础性研究，也参与政策实践问题相关的政策研究及其他应用性问题的研究。高校智库依托研究型大学，发挥人才蓄水池和储备库的作用，可以吸引大学内部其他院系教授和社会各个领域的精英人才，从事高水平的政策研究工作。

高校智库研究人员认可作为研究者的身份，并认为在研究型大学从事研究工作具有很大的职业吸引力。对高校智库的研究人员而言，可能会中意于研究型大学提供的良好的科研氛围和研究平台，以更大限度地满足自己的精神追求，充分发挥和提升自己的知识素养和专业研究能力，从而具有很大的职业吸引力。

高校智库及其研究人员聚焦政策研究和政策咨询，不仅使自己的研究问题同国家战略和社会需要相适应，也通过政策研究将学术知识转化为政策制定者可以直接应用的知识，从而有效地为决策者服务。其研究逐渐从个人兴趣导向变为以解决政策问题为导向，从事的研究不再是纯粹的学术研究，往往受到政策需求的影响，因此，其科学研究的工具属性日益彰显。

在此背景之下，为了更好地完成研究尤其是政策相关问题的研究工作，高校智库研究人员不仅需要涉及学科性的专业知识，还应当了解其他多个学科的知识，尤其是政策科学相关的知识，以便于更好地了解政策制定者的需求，产生可以解决现实政策问题的研究成果。具体而言，高校智库专家要具有理解政府及项目资助者的需求和政策走向的知识，建立科学的智库专家队伍建设的知识，与政

策制定者合作的知识，等等。这些多元性知识的需求对高校智库人员的研究能力和研究素质提出了越来越高的要求。

大学是具有人文传统的组织，这使得高校智库不仅以独立自主地从事科学研究为重要使命，也逐渐发展成为具有人文情怀和社会批判精神的学院知识分子成长的重要摇篮。受访者认为，参与智库工作，从事咨政建言的活动，是其作为知识分子所必须承担的重要社会责任。

现实中，高校智库人员大多也具备成为学院知识分子的基础，他们接受过高等教育，能够运用自己的专业知识进行理性的思考，具有强烈的社会使命感和责任感，并且对社会现实具有强烈的人文关怀精神，希望通过自己的专业知识以改变社会现状。这与高校智库的独立研究和自由批判的精神理想一脉相承。因此，高校智库的人员在具备研究者的基本素质的基础上，也具备学院知识分子的自由、独立及批判精神等核心要素，这决定了高校智库人员具备学院知识分子的精神特质。高校智库人员接受过正规的专业性的学术训练，在大学中从事学术研究工作，大学学术自由的研究氛围使他们能够保持独立的人格、学术理想与行为方式。同时，高校智库人员关心他身处的社会及时代，并具有强烈的人文关怀精神、独立的人格和社会责任感，以学术研究为基础，勇于发现现实社会中存在的问题，并提出建议高校智库人员去改进。

三、高校智库组织人员的角色特征之知识转化者

知识转化是指通过一定的途径，将个人拥有的知识转变为能够被组织中其他成员广泛接纳和运用的知识，通常这种转化不依赖具体个人，而是依托于一种常态化的机制。知识转化活动分为转化对象——知识内容，转化手段——知识网络、会议和团队学习，转化主体——个人、团队和组织。在探讨组织知识转化的影响因素时，还必须考虑个人、团队和组织层次知识转化差异带来的相应影响。

知识大爆炸的时代，在以客观性、普遍性和中立性为关键特征的现代知识视野下，教师扮演的往往是知识生产者的角色，其主要任务是努力发现知识、进行知识创造和思想创新。在后现代主义的视角下，教师可能更加关注知识生产向文化性、情境性和价值性的转化。即教师的知识不仅仅限于发现和探究，更加注重将发现的知识与现实情境及其现实适用性相结合。教师作为知识转化者，主要体

现在将知识置于特定的文化传统和文化模式中，以现实性和应用性来质疑与考察知识，将经验、兴趣、价值观和文化信仰注入知识理解的过程中，使得知识的价值在需要中得以体现，更加强调知识的现实应用价值。

高校智库通过创新性知识的生产、转化、传播和应用以影响政策决策和政策制定。知识转化是高校智库工作的一个关键要素，因此高校智库专家应当具备通过多种途径进行知识转化和勇于担当知识转化者的能力。但是，在高校智库发展的现实条件下，尤其是长期以来身处高等学校学者型角色的制度习惯和自我身份认同，使得并不是每个学者都可以担当知识转化者的角色，也并非每个学者都具有知识转化的意识和意愿。

因此可以判断，当前高校中的知识转化工作面临着一些困境，许多教师参与知识转化的主动性和热情缺乏，需要大学管理层发挥引导作用，比如，可以从学校层面建立专门的功能服务平台，以帮助教师进行政策相关性的知识转化，从而提高高校智库人员研究成果的政策应用性和影响力。

高校智库的专家频繁地参加知识转化和推广工作，有学者将其称为"政策企业家"。企业家精神概念源于经济学和商业组织的研究，政策科学研究者将其引入公共政策的研究，强调个体政策参与者如何影响公共政策过程。政策科学研究者用政策企业家来描述智库人员的普遍特征，将其定义为愿意投入时间、精力、金钱和声誉向其他人传播和倡导政策理念并试图影响政策决策的人。也有研究者提出，所谓政策企业家，是指那些通过组织、运用集体力量改变现有公共资源分配方式的人。研究者通常使用它来指代政府、利益集团和研究机构中积极参与政策过程的善于创新的人员。他们可能是某个政治人物，也可能是特定政策利益集团或某研究机构的专业人员，也可能是一个普通的社会公民。政策企业家的基本特征是他们具有强烈的社会责任感，基于对现实社会问题的敏感性和深切关注，愿意主动承担风险，积极宣传政策议题以影响政策。熟悉和了解政治常识和政策过程，具有预测政策问题的前瞻性，即认清在当前的历史背景下的政治运行逻辑，并很好地利用它，善于运用丰富的专业知识和政策策略，以有效影响公共政策决策。具有很好的管理和领导潜能，富有批判精神，坚持不懈地推广政策方案以影响政策。按照政策企业家是否在政府中有正式职位、是否扮演领导者角色、是否由选举产生这三个条件为标准，政策企业家群体可以细分为政策企业家（三者皆不具备)、官僚政策企业家(不具备后两个条件)、行政首脑型政策企业家(具备前两个条件)、政治型政策企业家(三项条件都具备)。不同类型的政策企业家对政策变化的影响及其作用是不相同的。而在政治社会环境相对稳定且组织成立初期,更容易产生个体型政策企业家,通过个人能力推动政策创新。在社会公众压力较大,发展成熟的组织更易出现集体型政策企业家,在既有的组织基础上进行渐进的创新,提升组织效率。

当前具有政策企业家精神的大学教师越来越多,参与智库的工作也成为学术职业一个重要的替代品,大学教师逐渐意识到智库对职业发展和国家社会环境变迁的重大价值,他们频繁参与政策实践是智库出现的逻辑主线和最终目标,也是智库在研究型大学迅猛发展的重要原因。为了更好地进行政策知识转化,具有政策企业家特质的高校智库人员需要具备一些基本的知识能力。首先,应具备知识胜任力,高等教育背景及研究方法训练,能够敏锐思考和深度分析问题;其次,是熟悉政策进程及规则,具备政治常识,能够前瞻性地预测政策走向;再次,是擅长向决策者、立法者、资金捐赠者及社会公众等推销思想;最后,是有效地传播知识,用通俗语言撰写文章和表达复杂问题使非专业人士能够广泛接受。这类似托马斯提出的智库专家应当兼备学者、政策助手、政策企业家和媒体专家的角色特征。政策企业家作为智库人员的符号标志,体现了智库组织对人员结构的特殊需求。有政策企业家精神的精英人士参与政策制定成为趋势,他们的专业能力、社会责任感、社会服务意识和社会公信力都将大大提升高校智库的知识转化能力。

四、高校智库组织人员的角色特征之学术与政策的"两栖人"

大学教师参与政策咨询的主要原因可以分为两个:一是主动性的参与,即基于自己的知识基础和研究能力,尝试去将研究成果应用到公共政策决策和现实政策制定中,以期改变社会,解决社会面临的现实问题,并实现学术研究的社会效用或者经济价值,为社会多做贡献,这也在一定程度上体现了学者的社会责任和使命;二是被动性的参与,即由于工作的变动、外部力量强加或者是基于获取生存资源的需要,不得不为之。

高校智库跨越学术与政策两个领域，不仅需要遵守知识权威的学科规训，还需要满足决策者的需求，因此，需要在学术和政策两个领域寻求平衡。但是，现实中的信息不对称和政府透明度不够，使得政策和知识存在巨大的鸿沟。政策问题大多需要及时快速做出反应并综合考虑政治正确性，学术研究需要考虑知识真理性和客观性价值。因此，使研究建立在客观性研究的基础之上，最大限度地辅助政府决策，成为高校智库人员面临的重要问题。另外，如何有效地平衡知识研究和政策应用性，在一定程度上使其知识和权力实现最大限度的平衡，这也成为高校智库专家需要仔细权衡和探讨的重要问题。

由于学术研究与政策咨询两者之间存在的巨大的差异性，在两种活动之间自由转换，使学术研究与政策咨询相互辅助和相互促进，对普通的高校教师而言，可能也是很大的挑战。但是在具体的政策研究中，提高研究质量和研究结果的可信度，试图去理解政策的需求，以政策制定者容易理解和接纳的方式去呈现研究成果，可以在一定程度上平衡学术研究与政策咨询。

教育者关注人才培养，研究者关注知识探究且具有人文关怀精神，知识转化者注重知识的社会应用性及向决策者和政策制定者推销知识，"两栖人"具有开放性和较强的公共政策活动能力。不难看出，每一种社会角色都具有其自身的局限性和特色，这也决定了高校智库组织人员的生存形态，理想的高校智库应该兼顾不同类型社会角色的优势特征，较好地平衡来自不同维度及其社会角色的对立关系。然而现实情况是，极少有人能够同时具备以上所有社会角色的特征，因此，招募不同类型人员丰富人才结构成为高校智库的普遍做法。

第三节　高校智库的组织文化

一、高校智库组织文化的特征表现

（一）以知识品性为基础进行思想创新

从智库发展的普遍规律来看，一个智库能否发展好，根本原因在于其提出的思想建议能否领先于实践、引导实践发展，从而有效地助推于政府决策，简而言之，就是其思想创新能力的高低。高校智库产生一定的政策影响力，需要发挥组织功能进行思想创新。

大学是以知识为材料、学科为单元的学术组织。学科是研究型大学作为学术组织存在的本质特征。研究型大学的人才培养、科学研究和社会服务三大职能都是依据学科为基本依托单位来开展的。探究知识是大学的重要目标，因此，知识品性是大学组织文化的基本特征。大学内部的系所（讲座）、学院和学群组织结构的形成和确立，很大程度上是由知识自身的属性所决定的，即不断趋于分化与整合的学科制度化的产物。其中，知识的分化和学科的高度专业化是大学整体组织结构得以形成的先决条件。高等学校的任务和工作者围绕知识群类而结合，知识专业是其他一切工作的基础。因此，无论是研究型大学内部的研究系所，还是学院、学群制度等，都是因大学的知识品性而建立起来的，这决定了大学作为特殊组织所独有的组织文化特点。

作为研究型大学的基层组织，高校智库具备研究型大学组织文化的基本特点，具有依托研究型大学的知识品性和学科依托为基础而进行知识生产和创新的特质。由于依托于研究型大学而存在，相对于政府智库而言，高校智库具有发展的相对的独立性，可以基于学科研究基础产生创新性的专业的和相对独立的观点。除此之外，高校智库产生的思想也应当是前瞻性的和具有预见性的，能够看到决策者在短期内难以预见到的问题，从而提前做预案。由于高校智库组织具有相对的独立性，这使得高校智库的研究人员可以相对自由地研究、发表见解、对政策思想提供批判性的反思和参考，从而能够真正为决策者的需求提供有针对性的和有价值的思想观点。因此，高校智库以大学的知识品性和学科依托为基础，以政策导向的知识生产为基本内容，生产创新性思想和政策影响力，这决定了高校智库应当是而且必然是创新性知识生产的场所，与其他机构不同的是，高校智库聚焦于政策相关的知识品性。

高校智库的核心职能是通过政策性相关知识的生产和传播，为决策者制定政策提供专业化的服务和政策建议，本质上是以问题为导向从事政策研究的机构。因此，虽然许多高校智库会参与学校的学科建设和人才培养工作，但学科建设和人才培养可能并不是高校智库组织发展的核心任务，这是有别于研究型大学及其基层学术组织文化的根本特质。

高校智库依托于研究型大学有研究基础的优势学科而建立起来，进行知识创新，这为高校智库在研究型大学获得合法性及产生政策影响力提供制度上的支持，使得高校智库的咨政建言的职能得以有效发挥，同时也推动智库与大学内部的其他研究机构进行人才培养、科学研究等方面的资源流动和有效合作。

（二）知识生产的开放性

作为沟通知识共同体与政策共同体的重要研究平台，高校智库组织具有高度的开放性，表现为在组织实践活动中，与政府机构、政党、企业、媒体网络等不同的主体有一定的业务联系并进行有效的互动，这也在一定程度上决定了高校智库在组织文化上具有开放性。在联结由大学教师为主体的知识共同体和由政策制定者为主的政策共同体的过程中，高校智库作为开放性的交流和对话平台，成为融合学术与非学术特征的群体的混合空间，不同群体在其中发挥功能，影响高校智库组织的活动、结构和权力关系。

高校智库的组织文化可以从其组织愿景中体现出来。组织愿景是以共同价值观为基础对组织发展的期许，表现为使命、任务、目标及价值的陈述。

首先，高校智库的研究不拘泥于学术研究及其偏向于解释世界的研究传统，而是更加注重将研究成果辐射到开放的社会及其政策应用中去，强调学术研究及政策研究的社会效用和现实应用价值。传统的学理性研究并不是高校智库关注的核心内容，而那些具有强烈的时代精神和现实关注度，紧密追踪国家战略需求和社会发展需要，致力于解决国家发展和社会进步过程中存在的现实政策问题为重要的研究取向。因此，高校智库的研究具有社会价值指向性。通过有效地发挥连接知识与政策、沟通知识与权力的对话平台的作用，高校智库通过学术研究、公共政策研究和思想传播，将研究成果转化为决策者需要的政策报告，从而影响公共政策决策，辅助政府解决复杂的社会现实问题，为国家和社会献力献策，担当具有社会责任的知识生产者和思想贡献者。

其次，高校智库充分利用大学无限广阔的开放的学术社区环境，聚焦某些研究领域，集聚高端研究人才，产生高水平研究成果。因此，依托研究型大学，高校智库发展成为开放性的公共政策研究平台。这主要表现为，不同社会领域的组织机构都可能与高校智库开展项目合作或者是政策对话，不同职业经历和个性资质的人员都可能到高校智库担任客座研究员或者是访问研究员，不同学科领域的研究专家都可能参与高校智库的某一个研究项目。

高校智库注重知识共同体与政策共同体的有效衔接和互动，以建立满足政策共同体需要的畅通的信息传播渠道和知识关系网络。由于高校智库主要是辅助政策制定者决策，其组织特征和发挥职能的范围决定了高校智库没有能力采取行政或立法等强制性和威慑性手段产生影响力，或者说其威慑力极微弱或根本就不存在，这说明高校智库与政府部门发生联系主要是为影响政策决策所采取的有意识的具体行动。这主要表现为大多数高校智库会聘用有政府经历的工作人员和研究人员，他们中许多人都是前政要，或在政府部门具有多年的工作经历，了解政府的现实政策需求，知道如何最大限度地发挥政策研究的效用。另外，高校智库也组织更加多元化和开放性的活动，为了更有效地进行思想宣传和成果发布，高校智库组织及其研究人员定期召开与政策人员合作或邀请政府部门人员出席相关的高层论坛、国际会议及专家研讨会，定期报送政策研究成果和政策简报等，采用书面、口头及现代多种媒体渠道传播其重要观点。通过与政府的决策机构建立正式或非正式的沟通渠道，将政策研究成果以各种可接纳的形式呈献给政策决策者，通过决策部门及相关领导的关注及批示，在解决现实政策问题中采纳相应的观点，得以实现智库的政策影响力。

因此，高校智库组织担当了一个开放性的知识生产与转化平台的作用，它可以发挥"小机构大网络"的作用，集聚多种类型的研究人才、研究项目和组织活动形式，不同类型的人员都可以在这个开放的平台上发挥自己的优势，针对某个具体的政策实践问题提出自己的专业观点。

（三）多元文化的融合

1. 形式多元的研究成果

发展成熟的高校智库大多都具有形式多元化的研究成果，包括经过同行评议的自办专业期刊、系列研究报告、政策简报、学术专著和学术论文等。对于一流高校智库而言，自办专业期刊成为其传播思想和形成研究声誉的重要渠道，除学术性成果如论文和专业书籍外，高校智库还提供类似"标准化边界产品"的以影响政策为目标的政策简报、政策报告、政策期刊和各类建议等，这些政策研究成果具有异于学术文章的写作体例和规范，是政策研究者对研究问题的政策化诠释，以将学术性语言转换为与现实政策紧密结合且符合决策者思维习惯易于理解和接受的写作风格。政策简报成为高校智库的重要研究成果，它代表高校智库的研究水平，呈献给政策决策者，以辅助决策和解决现实政策问题。

基于发展阶段的不同，高校智库在其研究成果的类型、数量和质量方面也具有非常大的差异，这主要表现在一流高校智库譬如胡佛研究所可以兼顾学术研究与政策研究，具有大量的学术研究成果和政策研究成果。而有些新生代高校智库可能只关注政策研究的质量和数量，以告知决策者为主要目的，因此，其研究成果以政策研究报告和简报为主，而不注重学术产出的数量和质量。这与传统的学术研究机构有着显著的差异。

为有效产生政策影响，高校智库注重多种渠道传播思想，尤其注重通过新闻、博客和互联网等多种媒体形式交流思想和品牌宣传，在大众媒体（电视、报纸、网络渠道）等公开发表观点以影响社会公众的看法。随着互联网日益影响学者的研究和生活，运用网络和博客也成为智库有效传播知识的重要途径。譬如，贝尔福科学与国际事务研究中心的信息传播渠道包括学术出版物（系列图书、学术论文等）、研究会议、研究报告、专家论坛、向政府部门提出政策性建议及政府会议等，以及与专家和社会公众共享研究成果。随着互联网的发展，网络媒介成为重要的信息传播渠道，知名学者通过社交网络发布观点及相关视频，许多研究者频繁参与电视节目及公开讲演。除此之外，还聘用许多有媒体任职经历的研究人员，譬如，新闻记者和报纸专栏作家等，基于自身的专业性将研究成果迅速地发布出去，这也增强了信息传播的时效性和科学性。

2. 多元化的研究人员

高校智库召集具有多元化的任职经历的研究人员，虽然许多高校智库人员的学习经历、工作经历可能与研究和学术的关联较小，但是他们往往在人际沟通、获取资源等方面有显著的优势。许多具有专长的研究人员可以从政策研究逐渐转向高层管理，这对于智库提高研究水平和扩大影响力具有更大的作用。多元化的高水平人才团队作为创新性应用知识生产的动力军，为高校智库的知识生产、思想传播和政策影响贡献智慧。

3. 多学科领域的协同合作

大科学时代，研究型大学的科学研究方式发生了变革，多学科研究越来越受到重视，对破解科研发展瓶颈实现理论创新具有重大意义。多学科领域协同与合作研究已经成为推动科学技术进步、解决经济社会发展面临的重大关键问题的主要研究方式，也逐步发展成为产生创新性科研成果的重要动力。

高校智库因其"小机构，大网络"的组织优势，借助于研究型大学高水平人才集聚的优势，召集来自多个学科领域的校内外的知名专家与学者开展政策问题的对话、交流并共同针对某个政策问题开展深入的合作研究，从而借助于多学科协同的优势实现思想创新。为了更加有效地解决现实政策问题，高校智库为多学科领域的专家提供一个有效互动、交流和对话的平台。同时，世界知名的高校智库本身就具有学科背景多元化、研究经验丰富的多学科研究者。

一流高校智库的研究领域主要聚焦于国家发展的战略性和政策性问题，关注国际、国内及聚焦世界某些重要地区的发展历史和现实，涉及政治、经济、外交、科技、能源和环境等多个学科领域的知识。为了更好地开展研究，其研究团队也都是多学科人员配置，主要涵盖了人文社会科学、理工类和工程类专家。比如，地球研究所聚焦水资源、气候与社会、能源、城市化、全球卫生、贫穷、食品营养、生态健康与监管等研究领域，创造性地运用多学科的方法去解决地球面临的可持续发展问题，并帮助发展中国家解决贫困问题。

二、高校智库组织文化的价值取向

（一）工具理性主导

1. 研究主题的选择

对一流高校智库进行调查研究发现，众多研究机构多是在 20 世纪 40 年代以后适应国家科技政策需求，以及政府的支持才得以建立和繁荣发展，研究主题也多是围绕国家宏观政策导向及重大战略需求而选择。主要关注研究主题涉及国际政治、区域问题研究、全球环境及能源、国防科技、国家安全和国际经济等具有政治性导向的主题。

虽然研究者声称其研究主题是根据研究者的兴趣而选择，但是就众多高校智库机构的研究主题的选择来看，具有现实应用性和政策指向性的研究主题统领了高校智库的发展。

2. 研究目标的倾向

高校智库的研究目标具有多维性，虽然纯粹学术性的研究可能会占有一定比例，但是这并不影响其研究目标的政策倾向性占据主导地位。

通过政策相关问题的系列研究，以影响决策者决策，影响政策制定，是高校智库的最终目标和追求。除此之外，不同的研究人员或许具有不同的研究目标和宗旨，比如，在同一个智库中，许多研究者会根据个人志趣选择个人感兴趣的研究议题，通过学术发表并由学术同行进行评议，这种研究也许没有明显的政策指向性，但是在高校智库中，属于少数案例。

3. 研究方式的适切

研究方式和方法的选择主要基于研究目的，亦即想要实现什么研究目的，就需要据此采取什么类型的研究方法。高校智库的研究目标是能够产生政策影响力，因此，其研究方式必然不能够仅仅局限于学术研究，必须超越学科限制，追求更多的政策指向性和现实应用性。

高校智库的研究目标决定了其研究方式必然具有自身特色。可以看出，基于研究问题的需求，寻求多种学科的研究方法进行跨学科研究，进行有效的知识集成与转化，成为众多研究机构实现研究目标的必然选择。

（二）价值理性式微

价值理性关注行为本身的价值，不计较手段和后果。价值理性崇尚道德理想、终极关怀，主要通过美的、善的方式探求真理和发展科学，因此，是一种非自我利益的理性。

1. 学术价值的取舍

高校智库的迅猛发展令研究型大学内以学术为导向的许多教授敬而远之，因为按照传统的大学理想及研究型大学的学术自由精神，知识研究参与政治性的辩论无疑会受到学术人的质疑。由于高校智库存在类型的多样化，对其学术价值的判定不能一概而论，需要结合具体的案例进行具体的分析。不同的智库具有不同的价值取向，许多智库比如胡佛研究所，就以高水平的学术性而著称，而贝尔福中心却以政策影响力而知名。即使在同一个高校智库内部，也因历史时期的不同或是研究人员的个体选择而有不同的倾向。因此，高校智库及其专家学术价值的有无，体现为依据自身特征和发展使命而进行的理性取舍。

2. 人文精神的扬弃

人文精神表现为对人的尊严和价值的维护和关切，是对理想人格的肯定和塑造。普遍意义上的人文精神与高校智库的价值取向存在巨大的背离。这具体表现为一般意义上的高校智库以政策性相关知识的生产、传播和应用为主要目的，以实现政策影响力为价值追求。在政策指向性的研究活动中，必然有可能忽视了人文精神的内涵。而研究型大学作为承载知识文化的重要机构，其核心内涵便是通过人才培养和文化精神的彰显，推动学术组织的创新发展。高校智库附属于研究型大学，具有优越性和可能性来承载大学的人文精神。研究发现，依据研究主题和研究内容的不同，人文精神在高校智库层面具有被扬弃的多种可能。依据研究主题和主要研究领域的不同，高校智库专家在人文精神方面存在不同程度的扬弃，人文社会科学研究在一定程度上会涉及人文精神的议题并提高对人文精神的关注度，而自然科学相关性的研究则容易忽视人文精神甚至在一定程度上无意地消损人文精神的内涵与发展。

（三）思想引领与创新

无论是对一流高校智库还是中国特色新型高校智库而言，都存在一个普遍性现象，即现实运行过程中高校智库更像一种符号标签，用来特指位于研究型大学的具有咨政建言职能的研究机构。基于不同的发展定位，智库与研究型大学存在着组织文化的融合现象，智库引领大学文化的创新。

研究型大学的核心职能是人才培养、科学研究和社会服务，具有丰富的研究资源和高水平研究人才。但是研究型大学的许多学者以自由探究知识为乐，坚持学术导向，以做出高水平的学术研究为首要任务，对自身的学术研究成果能否应用于政策及产生影响力并不在意。另外，大学的学术研究对政策制定者而言学理性太强，政策应用性不够。而智库需要的是以政策问题为导向进行应用性对策研究，强调发挥政策的影响力。有学者认为，研究型大学与智库的主要不同在于研究型大学终身教职可以自由选择研究议题，其目标并不一定是解决重要的社会问题。而智库具有非常明确的目标定位，雇佣人员研究专门议题并鼓励针对已经定义好的问题提出解决方案。智库的核心目标是解决现实问题以影响政策，鉴于其复杂性和多样性，许多学者把智库视为"政策倡导者""知识分子的避难所""伪装的游说公司""党派代言人"和"去政治化的工具"等。研究型大学基于固守传统的学术价值理想和学术独立精神，对智库还是持有非常谨慎的态度。

高校智库是研究型大学中的一种特殊的组织形态，其处于初始发展的阶段性和组织功能的依附性，决定了高校智库即使正在或已经形成了制度化规范，在以人才培养为根本职能和以学术研究为重要使命的研究型大学也必然存在着发展的局限性。因此，研究型大学及其人员最多是将智库作为一种兴趣参与和辅助性的工作，而不可能作为研究型大学的主业或根本任务来对待，因此使高校智库研究工作及其功能的发挥受到诸多的挑战。

研究型大学与智库具有实现协同发展的基础性支撑，二者有相似的内涵特征，即形成知识生产空间提供创新性思想，强调思想创新，都认可发挥知识的应用价值以服务社会，这使得二者在组织文化上具有一定的相似性。研究型大学是通过创新性知识生产、知识传播和知识应用，贡献科学研究成果服务社会，为国家知识创新和经济社会发展提供动力源泉；智库是以问题为导向以高水平研究团队为主体，产生创新性思想以影响决策。研究型大学的许多科学研究领域在发展定位上与智库具有相似性，即希望通过应用性研究活动解决现实问题，把学术研究成果应用到政策制定实践中并影响决策。研究型大学与智库的知识生产在研究问题、组织方式和基础性支撑等方面都有重叠，这些不仅促进了两者的合作、交流与互动，也推动了组织文化上的融合。

研究型大学与社会和市场的联系日益密切，逐渐走出象牙塔成为社会的轴心机构。研究型大学与智库都融入国际及国家的政治、经济和社会发展中，政府、党派、市场和捐赠者等外部利益相关者通过政治及经济利益的砝码推动了两者组织的变革。研究型大学与智库为获得更多资源，都主动对接市场及国家战略需求。譬如，研究型大学与知名智库合作建立大学附属型智库、研究型大学原有研究机构转型升级发展为智库、研究型大学基于学科优势建立智库，承担咨政建言的职能。智库凭借高水平研究人才及政策研究分析实力，培养兼具政策分析理论素养与实践技能的研究生。通过教学、政策研究与政策实践相互促进，提高了政策分析及研究水平，传承智库组织文化，提供实用型政策研究人才。

基于自身的组织特征和优势条件，研究型大学与智库可以合作共赢，实现组织文化上的融合，这也在一定程度上促进了研究型大学的发展。首先，智库研究的现实导向性和合作交叉性对研究型大学培养适应时代需求的高水平人才起积极作用；其次，智库研究成果的应用性和政策倡导性，帮助研究型大学进行有效的政策对话，以影响决策，提高了研究型大学的知识转化、政策影响力和社会服务能力；最后，智库辅助研究型大学实现学术研究和教育的社会应用价值。随着在大学获得学术职业越来越困难，智库的研究工作可以在一定程度上替代学术职业，也逐渐成为众多高水平研究人才的职业选择，这拓展了大学研究人员和研究生的职业发展路径，为学科发展和人才培养提供了更大的吸引力。

坚持高校智库的学术独立性，适当地运用和发挥智库组织应当具有的咨政建言、发挥政策影响和舆论导向的重要职能，通过学术研究促进咨政建言的科学性和合理性，通过咨政建言提升学术研究的价值效用和社会贡献，推动学术研究与咨政建言协同发展，共生互动。通过智库建设，推动研究型大学跨越式发展，或许将成为高校智库建设的重要价值导向。

第六章
多维视角下中国高校智库建设的路径

第一节　政治视角下的中国高校智库建设

一、政治的内涵

政治是一种复杂的社会现象，"政治"是一个重要的基本概念，其内涵伴随着历史的变迁而变化。现代汉语中的"政治"一词，在英文中对应的单词是"Politics"。"Politics"一词源自希腊语"波里"（Polis），古希腊时代的城邦活动是"Politics"的源头。当代，政治在社会生活中扮演着越来越重要的角色，不同学科的学者都对政治研究表现出浓厚的兴趣，纷纷从不同的学科视角对政治进行研究，对政治内涵做出各自的解读。在政治科学视角下，政治主要是以宪法、法律和正式机构为代表的政治制度，也指个体的政治行为。

政治是一种实实在在的客观存在，潜在于任何一种社会组织之中，任何组织的建设都或多或少地受到政治力量的影响。高校智库作为一种社会组织，是政治主体作用的一种重要对象，其建设自然受到政治力量的影响，需要从政治的视角思考。坚持什么样的政治立场是高校智库的一个根本性的问题，高校智库在其建设中总是通过其组织目标的制定、任务的实施、职能的实现等来表现一定的政治立场，而公众也总是从智库的政治立场来判断其性质；在高校智库建设中，相关政治主体总是表现出相应的政治观点，高校智库及其研究人员本身在建设和研究中也总是坚持各自的政治观点；高校智库建设离不开相应的政治推论（论证）方法，离不开相关政治主体的政治力量和政治资源，同时自身也通过开展政策研究、决策咨询等参政议政方式而表现出一定的政治行为。

二、政治视角下高校智库建设的原因

(一) 浓厚的政治文化是高校智库建设的思想基础

1. 政治文化、政治亚文化与高校政治文化

(1) 政治文化

政治文化是现代政治学领域中的一个重要概念。关于政治文化概念的研究很多，可分为"狭义心理观""中义思想观""广义系统观"三类。西方学者在政治文化概念的界定中主要倾向"狭义心理观"，西方学者主要以认知、情感、评价等三要素为框架来界定政治文化，他们认为，政治文化是一个民族在特定时期流行的一套政治态度、信仰和感情，是由本民族的历史和现在社会、经济、政治活动进程所形成的。国内学者大多认同"中义思想观"层面的政治文化，他们从政治思想角度定义政治文化，认为政治文化包括政治思想、政治心理两个层次。有学者认为，政治文化作为一种主观意识领域，应该包括社会对政治活动的态度、信仰、情感和价值，进一步讲包括政治意识、民族气质、民族精神、民族政治心理、政治思想、政治观念、政治理想、政治道德等各个方面。持"广义系统观"的学者相对较少，他们认为，政治文化包括政治心理、政治思想、政治制度等多层次内容。我国学者将传统政治文化分为三个层次：支配和规范人的政治行为的政治思想；在社会政治运行过程中起着潜在作用的社会政治心理；传统的政治制度和政治行为方式。

从以上分析可看出，三类政治文化界定的差异性主要表现在研究对象的差异，"狭义心理观"的研究对象主要是特定政治系统中的公众个体或群体内的政治文化，而"中义思想观""广义系统观"则以国家或民族的政治文化为研究对象，三类政治文化的界定都有其合理性。

这里仅以"狭义心理观"为研究视角做如下界定：所谓政治文化，即是指社会成员的政治认知、政治情感、政治心理、政治态度、政治评价、政治价值、政治信念等的总和。

(2) 政治亚文化

一个社会中，政治体系不可能完全同质，政治文化也就不可能完全一致。学

者们认为，任何政治共同体的政治文化都不是清一色的，任何时代都无法存在完全清一色的政治文化。学者们对政治文化的差异和构成等进行研究，并引入文化人类学中"亚文化"的重要概念，提出了"政治亚文化"的概念和思想。

有学者认为，一个政治体系的全体人民是由地方集团、种族集团或社会阶级所构成的，它们都可能各有特殊的倾向。这种特殊的倾向称为亚文化。同样，在政治体系的各个不同的角色、结构和次体系中，也有着某些当时所盛行的态度和传统。

所谓政治亚文化，是指同一社会阶层、社会团队、社会群体或政治机构的政治认知、政治情感、政治心理、政治态度、政治评价、政治价值、政治信念等的总和，与处于主导地位的政治文化相比，其地位相对次要。政治亚文化具有群体性、异质性、变迁性等基本特征。

（3）高校政治文化

高校是社会的重要组成部分，其本身就是一个政治系统，是政治体系的重要组成部分。大学本身就是一个复杂的政治系统。为确保高校维护中央权力机构、利益集团、统治阶级的利益，国家总是通过各种方式向高校不断输入符合统治阶级利益的各种政治理念、政治思想、政治信仰、政治信息等，并通过制定相关教育政策、提供资源支持、委派管理机构等多种方式以加强对高校的政治管控、监督、评价。作为一类社会组织形式或政治系统，高校一方面获取国家整体政治体系输入，另一方面积极履行人才培养、科学研究、社会服务等重要职能。在宏观国家政治生态和高校自身运行规律的影响下，高校形成了自身特色的政治亚文化形态——高校政治文化。

高校政治文化是一种政治亚文化，是高校内部参与主体的政治认知、政治情感、政治心理、政治态度、政治评价、政治价值、政治信念等的总和，其形成和发展受到经济体制改革、政治体制改革、高校运行逻辑等多重因素影响。高校政治文化是高校师生对政治生态的心理反应，更倾向于"狭义的心理认知"，是一种精英型政治亚文化，在高校环境中经由政治社会化传递、嬗变，与外部环境交互影响。

2. 高校政治文化影响高校智库建设

（1）参与型政治文化驱动高校智库重视政治参与

有学者将政治文化分为村民型、臣民型、参与型三种。受村民型政治文化熏陶，民众一般缺乏对政治生活的认知；受臣民型政治文化熏陶，民众虽然关注政治活动对自身的影响，但对政策制定、政治参与等缺乏兴趣；长期浸润在参与型政治文化中，公民既关注政府决策、政策制定的后果，也对公民在政策制定、政治活动中的参与作用具有良好认知。

参与型政治文化强调"理性的国家认同"，倡导社会公众对国家统一、民族团结的认同和追求，强调社会公众对国家建设发展的义务和责任，对国家法律法规的遵守，对国家利益的维护；彻底否定落后政治观念，积极推崇"主权在民"的政治观念；倡导积极的、理性的、有序的政治参与，进而推进政治民主化，以合理维护、充分实现公民的正当权益；强调政治互信，摒弃消极的、冷漠的、封闭的、孤立的、苛求的不健康政治心态，营造积极的、热情的、开放的、合作的、宽容的政治心态；重视政策制定、资源提取、产品分配、行为管制等为主要内容的政治输出，同时强调社会公众对政治体系的合理要求、积极支持的政治输入，兼顾政治输入、政治输出的重要性。

在参与型政治文化的社会中，公众认为自己的政治参与行为可以对政策制定、执行、监督、评估等政治事务产生影响，可以通过相应的政治参与表达甚至维护个人、本群体乃至广大民众的合法权益，因此总是积极地、自愿地参与各种政治事务。显然，在当前中国的高校校园中，政治社会化程度广泛普及，中国高校政治文化充满着浓厚的参与式氛围。从事高校智库建设的师生是社会的知识精英，接受过或正在接受高等教育，了解甚至熟谙政治思想、政治体制、政治体系、政治制度，乐于甚至善于参与政治，以实现他们获取尊重和自我实现的高层次需要。在丰富、多元、开放、自由、创新的参与型政治文化的培育下，高校师生具有强烈的政治参与意识，加之高校服务社会意识的持续加强，高校的知识精英关心国家发展，具有强烈的政治参与意识和政治责任感、使命感，高校智库恰好为他们参与政治提供了一条有效途径。高校智库建设的初衷就是吸收、整合高校智力资源，为党和政府的科学治理提供智力支撑。高校智库建设为高校师生参与国家治理提供了施展才华的平台和渠道，在一定程度上满足了高校师生的政治参与需要。因此，高校智库的知识精英们在参与型政治文化的熏陶中，对政治活动表现出浓厚兴趣并积极参与政策制定等相关政治活动，为政府决策咨询提供智力支持。

（2）改革型政治文化促使高校智库参与政治改革

伴随着科学技术的发展、生产方式的转型、先进文化的进步，国家必须进行政治体制改革或调整，以不断适应经济发展和社会变革。有学者将这种政治体制改革或调整称为"政策创制"，并把实现政策创制的手段分为革命型政治变迁、改革型政治变迁两类。在革命型政治变迁中，新兴政治势力通过暴力手段颠覆并取代传统政治势力，建立代表新兴政治势力的政府并颁布相关法律法规，推行新的国家治理理念。革命型政治变迁并不能实现权力的分散，只是实现了权力在新旧政治势力之间的让渡，具有暴力性、破坏性、突变性的特征。在改革型政治变迁中，传统政治势力吸纳新兴政治势力，并将后者作为国家治理的重要组成部分，两种势力在很多时候能够达成共识，在延续原有政治体制的基础上实施相应变革。改革型政治变迁实现了政治权力的扩散，具有和谐性、建设性、渐变性的特征。

在改革型政治文化的熏陶下，高校师生总是希望政府不断推进政治体制改革，为中国各项事业的健康发展提供强有力的政治保证。而高校智库建设正是政府进行政治体制改革的重要组成部分，正好契合高校"改革型意愿"的政治文化，必然得到高校师生的积极支持和大力参与。

（二）高校智库建设具有政治价值

1. 价值和政治价值

价值是指客体对主体的兴趣、欲望、目的等各类需要的满足，价值总是体现为正面的、积极的效用。价值具有客观性，主要体现在价值实现通常以客体具备满足主体需要的各种客观条件为前提；价值具有主观性，因其评价的标准主要看价值客体是否满足价值主体的需要，表现为主体对客体的认识与评价；价值是一种关系范畴，反映了特定语境之下价值客体与价值主体的互动关系；主体的需要是多样的、分等级的，价值自然具有多样性、等级性。在不同领域之中，价值具有不同的体现，表现为各种价值。价值在政治领域中的现实体现，便以政治价值的样态存在。

政治价值是指政治客体对政治主体的各种需要的满足，政治价值发生在特定的政治生活之中。在政治价值中，政治客体和政治主体是一对互为依存的概念。

政治主体是指特定政治生活中具有某种政治需要和利益诉求的个体或组织。从微观层面看，政治主体是指具有某种政治需要和利益诉求的个人；从中观层面看，政治主体是指具有某种政治需要和利益诉求的民族、阶级、阶层、政府、政党、社群等；从宏观层面分析，政治主体则是指具有某种政治需要和利益诉求的国家与社会。政治客体是与政治主体相对应的一个概念，是指能满足政治主体的政治需要、利益诉求等的政治机构、政治制度、政治权力、政治行为等的集合。政治价值具有主观性、客观性的特点，反映政治主体与政治客体之间的互动关系，是一种位阶有序的政治价值体系。

2. 高校智库建设能满足政治主体的需要

建设中国特色高校智库，高校智库处于政治客体的地位，而政治主体则表现为不同的层次。从微观层面看，相关政府机构的领导或工作人员是政治主体；从中观层面看，党和政府是政治主体；从宏观层面分析，国家与社会是政治主体。从不同层面分析，作为政治客体的高校智库，其建设总能在一定程度上满足不同层次政治主体的不同需要。因此，中国特色高校智库具有重要的政治价值，其建设应基于政治的视角进行思考和推进。在此，这里仅从政府作为政治主体的中观层面进行分析。在中国，高校智库是在"国家行动""政府行为"的推动下建设起来的，高校智库的建设和运行具有较强的实用主义倾向，以满足政府的职能需要和政治诉求为建设目标，高校智库所具有的政治价值表现得较为鲜明。正因为高校智库对于政府的这种重要政治价值，党和政府才积极推动高校智库建设。高校智库对于政府的重要政治价值，主要表现为高校智库契合了以政府为主导的多元治理的智慧需要、知识需求，能在一定程度上为党和政府的科学民主依法决策提供重要的智力支撑，能在一定程度上促使国家治理体系完善、治理能力提升及国家软实力增强。

政府一般代表国家行使各种行政权力，这些行政权力是由全体公民自愿或被迫让渡给政府的，政府各项职能实施、权力的运行过程便是国家治理的过程。在高度集权的政治体制之下，政府本位、权力本位是主导性的治理理念，政府对国家的治理通常以管制型治理为主，政府在国家治理中处于绝对主体地位，是国家治理的唯一权威主体，通过权力垄断、强制管控等方式控制各种资源配置，强制管理国家各项事务。

随着治理思想的传播和扩散，很多国家开始推行多元治理模式。多元治理是由政府、私人部门、社会组织和公民多元主体共同实施的一种公共管理行为，强调多元利益相关主体的共同参与、平等协商、协同互动、合作共享，打破了政府在公共治理的绝对主体地位和对公共行政权力的垄断。

伴随着多元治理思想传入中国，加之市场经济的推进、全球化进程的加速、知识社会的形成，面对公共治理问题的复杂性，国家治理领域逐渐引入民主、自由、主体等理念，推行政府主导的多元治理模式以取代传统的管制型治理模式，以消除管制型治理模式引起的负面效应。在政府主导的多元治理模式之下，过去全能型政府的行政权力正逐步呈现分权化、收缩化的趋势，过去全能型政府的职能范围正在调整中实现转型，政府不再是过去的公共治理一元主体的垄断权威者，而是以"公共服务型政府"的面相出现，转变为"多元主体协商的服务者"；因为政府对权力的让渡，市场、社会组织等正逐步拥有一定的公共治理能力，与政府一道成为公共治理的多元主体，共同参与公共治理，一同构建多元主体共同参与的现代治理体系。政府主导的多元治理模式的推行，使得政府的国家治理服务功能得以复归，共同参与、平等协商、协同互动、合作共享等治理理念深入人心，过去那种仅凭经验性知识便做出决策的治理思维正逐步被抛弃，传统的依赖行政指令的治理方式正逐步被摒弃，取而代之的是积极构建汇集社情民意、提供决策咨询、多元主体参与的科学民主依法决策的平台，以汇集多元主体的智慧结晶、社会公众的利益诉求、跨越学科的研究成果。在这个平台建设中，高校智库因为拥有学科知识、人才资源等优势，能通过战略研究、政策建言、人才培养、舆论引导、公共外交等参与公共服务型政府的多元治理行动之中。在多元治理当中，高校智库通过各项职能的发挥，创造、传播、推广各类学科知识、政策思想、政策方案等，致力于以"智"启"治"、咨"治"、辅"治"、治"治"，其专业化的知识、思想契合了政府精准化治理的需求，其多维度视角、多学科思维契合了政府系统化治理的需求，其改革理念、创新思想契合了政府动态化治理的需求。

总的说来，中国高校智库建设具有重要的政治价值，契合了以政府为主导的多元治理的智慧需要、知识需求。智库存在的核心价值是影响政府决策，高校智库作为智库的重要组成部分，也自然将影响政府决策作为其建设的核心价值。

（三）高校智库建设受到政府控制

1. 高校自治与政府控制

高校自治、学术自由是高校发展的活力源泉，但是高校与外部环境保持着一定联系，其建设离不开政府和社会的支持。高校建设离不开政治治理的引力场，其发展离不开政府的政策措施，高校自治是相对的，不存在绝对的自治。在高校的发展变迁中，高校与政治势力抗衡以追求自治的同时，也离不开政治势力的支持。高校在获得来自政府等政治势力支持的同时，其自治权力必将减弱，学术自由也必然受到影响，因而，高校自治与政府控制之间必然存在矛盾。作为国家利益与公共利益的代表，政府有权管理社会公共事业，有权维护社会公共秩序。因此，无论高校具有多大的独立性和自主性，即便高校自治与政府控制之间存在矛盾，因为高等教育是政治的重要组成部分，高等教育对国家建设发展具有重要的意义，政府作为行政管理者对高校都会具有基本管理权力，有权"参与"甚至"控制"高校建设。

2. 政府参与并干预高校智库建设

基于政治视角思考和推进高校智库建设，政府对高校智库建设的支持、参与甚至控制是其背后的原因之一。在前面的分析中，我们看到，高校在倡导学术自由、寻求高校自治的同时，也受到政府的政治干预乃至控制，政府在高校的建设中大多居于主导地位。同理，高校智库作为高校的政策研究机构，在寻求自治的同时，其建设和发展自然在一定程度上需要政府的支持和参与，同时受到来自政府的政治干预和控制，政府在高校智库建设过程中常常居于主导地位。具体说，高校智库的建设发展离不开政府的政策支持，少不了政府在人力、财力、物力等方面的资源支持，政府在不同阶段总是采用不同方式和手段加强对高校智库的控制和干预，在物质、精神与信息等方面给予高校智库很多权益，引导和支持高校智库按照政府预期进行建设、开展研究。

总体说来，高校智库的建设发展离不开政府的支持与参与、干预与控制，理应基于政治视角对高校智库建设进行思考和推进。当然，各国由于政治体制、经济模式、文化观念等的不同，其基于政治视角建设高校智库也表现出不同特色。

三、政治视角下中国高校智库建设的路径

（一）奠定思想基础：培育和传播先进高校政治文化

1. 培育和传播参与型政治文化

有学者认为，参与型政治文化，又被称为公民文化，是指社会成员对政治体系作为一个整体，以及体系的输入方面和输出方面都有强烈而明确的认知、情感和价值取向，并对自己作为政治体系成员的权利、能力、责任及政治行为的效能具有积极的认识和较高的评价；臣属型政治文化，也被称为臣民文化，是指政治体系的成员对政治体系的角色、结构、权威、规范，以及自己在体系输出方面的责任等有较明确的认知、情感和价值取向，而对于政治体系输出方面的取向，以及社会成员作为政治参与者的自我取向却非常低，集权型政治体系中弥漫的都是这种臣属型政治文化。

臣属型政治文化的影响是阻碍民主政治进程的重要原因，也是包括高校智库在内的各类智库建设发展的重要障碍。但是，伴随着市场化、现代化、全球化进程的稳步推进，参与型政治文化已经在中国萌芽并逐步发育、不断成长。积极培育和传播参与型政治文化，加快驱散和消解臣属型政治文化，是当代中国政治文明建设的重要任务，也是高校智库建设的关键所在。参与型政治文化是一种先进的政治文化，在这种先进政治文化的长期熏陶之下，高校师生、社会大众、政府官员都在潜移默化之中具有理性的政治参与意识、意愿和行为。高校智库建设既然是国家治理体系和治理能力建设的重要组成部分，参与型政治文化影响下的高校师生、社会大众、政府官员自然会积极参与到高校智库建设中去，形成推动高校智库建设的合力。如果参与型政治文化在高校智库研究人员中内化于心，这些研究人员便会对党和政府具有强烈的政治认知、浓厚的政治情感、健康的政治心理、正确的政治态度、科学的政治评价、正确的政治信念，便会积极关注党和政府的经济体制改革、政治体制改革，积极关注政治输入、政治输出，围绕政府需要开展公共政策研究，提供高质量的政策咨询，积极参与政府的多元治理。

既然参与型政治文化对中国特色高校智库建设起着如此重要的作用，那么就应寻求积极培育、有效传播、广泛普及参与型政治文化的方法和路径。当然，参

与型政治文化在高校的培育、传播、普及是一个系统工程，并非朝夕之事，也非一校之力所能完成，而需要高校内外的多方力量共同努力。

一方面，从高校外部来看，应不断发展、完善社会主义市场经济，夯实参与型政治文化赖以产生、发展、传播的经济基础，在推行市场经济活动方式的过程中推广民主、平等、权利、法治等意识和观念，促进参与型政治文化的孕育和生成；积极培育公民社会，并进行科学引导、依法管理，夯实参与型政治文化得以产生、发展、传播的社会根基，促进参与型政治文化的推广和普及；不断拓宽社会公众参政议政的渠道，积极引导社会公众直接、普遍地参与政治实践，进行有序政治参与，在各种政治参与活动中不断丰富、发展参与型政治文化；利用各级各类媒体传播政治信息、政治知识等，积极引导公民的政治倾向，培养公民健康的政治情感；充分发挥党的各级思想政治教育工作系统的重要作用，利用这个系统的工作渠道、平台推进政治社会化，普及参与型政治文化。

另一方面，从高校内部来看，应充分发挥高校这种政治社会化机构的重要作用，切实改进政治教育的方式，丰富政治教育的内容，传播先进的政治知识与政治信息，倡导符合国家利益的政治观念与政治情感。具体地说，可以加强师生的国家认同教育，进一步强化师生对国家的认同与忠诚；强化中国国家政治体系相关知识的有效传播，进一步提高师生对政治体系的了解和认同，培养浓厚的政治情感；强化民主与法治教育，促使师生提高社会主义民主法制意识，树立正确的民主法治观念，完善师生的政治人格；结合高校实际制定并推行高校章程，提高师生在高校自治中的地位，丰富师生参与高校自治的渠道，推进高校自治的制度化、规范化建设，多方法、多手段、多渠道、多平台推进高校实现自治，不断丰富、发展、传播参与型政治文化。

2. 培育和传播改革型政治文化

在中国，改革型政治文化具有丰富的内涵：强调"国家建设的政治"观，认为改革本质上就是一种建设；遵循"矛盾的同一性"的政治哲学，提倡采取说服、教育、民主的方式处理人民内部矛盾；采取"立字当头，破在其中"的政治策略，极力避免激化社会矛盾，维护社会安定团结；对于民主、自由，这种政治文化既强调理想主义的价值认知，也强调现实主义的科学认知；强调协调、兼容、妥协、商量、宽容等政治思维方式，团结大多数人，整合各方力量，共同推进政治体制改革；倡导适度的政治热情、理性的政治参与，采取和平、合法的方式循序渐进地推进政治体制改革。

改革型政治文化与参与型政治文化关系密切，两者有极大的关联性，前者是后者的必然结果，也可以说前者包含于后者之中。在改革型政治文化的影响下，个人或群体为了同一社会阶层、社会团队、社会群体或政治机构的利益，对政治体制改革表现出强烈的参与愿望并付诸政治改革行动。改革型政治文化是建立在经济基础之上的，伴随着经济体制改革的发展而产生和发展。

高校是社会系统的重要组成部分，是知识分子的会聚之地，高校师生富有激情、掌握科学知识，社会上的各种文化、思潮都会在高校产生影响。早在20世纪80年代，改革型政治文化便开始影响高校师生。高校师生这个精英群体不断吸纳着社会上的各种新思想、新观念，高度关注国家经济、政治、文化、社会建设，希望实现政治体制改革，推进社会主义民主政治进程，高校特有的改革型政治文化不断孕育、生成、发展、演化。为完善国家治理体系、提升国家治理能力，党和政府倡导加强中国特色新型智库建设，高校智库成为中国特色新型智库建设的一支生力军，成为中国特色新型智库体系的重要组成部分。因此，可以通过各种措施进一步强化改革型政治文化在高校的传播，倡导高校师生积极参与高校智库建设，主动服务政府科学决策、民主决策，持续推进国家治理体系的逐渐完善和治理能力的不断提升。

3. 培育和传播创新型政治文化

创新型政治文化是政治文化在创新时代的一种类型，创新型政治文化内涵丰富：代表时代前进的方向，以发展社会主义民主政治、建设社会主义法治国家为基本目标；坚持以人为本的价值理念，关注民心所向，尊重人民大众的民主政治权利；具有民族凝聚力和社会政治协调力，能有效进行社会整合，不断化解社会矛盾，高效调解社会冲突，促进社会和谐稳定；能积极应对全球化进程，灵活处理好政治文化的科学性与阶级性、国际政治规则与国内政治规则的关系，充分总结中国政治体制改革经验，广泛汲取世界政治文化优秀成果；积极为科技发展及运用提供政治保障，确保科技发展及运用真正为人类谋福利，同时防止科技发展与运用带来的负面影响甚至灾难；促进政治社会化进程，不断提高公民有序政治参与的素质、能力和水平；以人类共同利益为基准，推进全球治理，促进世界和平与发展。

在创新型政治文化的影响下，对高校智库的评价主体会日趋多元，评价方法也将逐渐多样，既有来自政府的政治评价、官方评价、官位评价，也有来自高校内外学术共同体的同行认可；不仅会考虑智库产品的市场经营状况，也会参考社会大众的意见建议。总之，应在高校不断传播、扩散创新型政治文化，以活跃高校创新氛围，激发高校智库研究人员的创新思维，促使高校智库在公共政策研究、政策咨询提供、智库人才培养、智库思想传播、智库交流开展等方面进行体制与机制创新、方式与方法创新、渠道与平台创新、内容与形式创新等，以推进中国特色高校智库建设，为党和政府提供高质量咨政服务，为不断促进国家治理体系的完善和治理能力的提升做出高校智库应有的贡献。

（二）生产思想与方案：增强政策研究的咨政意识

1. 生产政策思想

对一个国家的发展来说，政策思想非常重要，是政策实践的行动指南，是政策建议的理论基础。政策思想的影响可能是当下的，也可能是对未来的影响。有学者认为，智库是"政策理念之源"。与官方智库、民间智库等其他类型智库相比，高校智库在政策思想的研究方面具有显著优势。高校智库大多具有学科齐全、学科人才丰富、基础研究扎实等优势，研究人员学术底蕴深厚，研究活动学术性强，研究过程往往偏重概念、模式、思想、理论框架等的探讨与构建，通常提出具有长期性、系统性、战略性、指导性的政策思想理论，对政策建议、政策方案等具有重要价值导向。因此，高校智库应将生产政策思想作为重要的功能之一，发挥优势，积极研究、创新、传播各种推动中国社会发展进步的政策思想，并通过各种渠道向政策制定者推广，使其对政策制定者产生影响，并自觉用这些政策思想指导政策的制定、执行、监督、评估等，以推进政治实践。

2. 提供政策方案

由于大多数政策思想、理念的影响不在当下，而政治实践中很多公共问题的解决非常紧迫，有的可以说是迫在眉睫。政府没有时间等到政策思想、理念转变为政策实践，这个漫长的过程会让政府在等待的过程中失去及时处理问题的先机，会导致一些问题由萌芽阶段发展成为小问题甚而拖成大问题，直至要花很多精力和代价去解决。因此，对决策者来说，很希望能有这些问题的具体解决方案，但是由于各种问题的增多、管理的复杂，政府不可能有充足的时间和精力来研究各种问题，这就产生了向其他社会组织或公民"借智"的需求。高校智库作为智库的重要组成部分，可以为政府提供解决问题的智力支持。在实际运行中，高校智库应增强咨政意识，避免进行单纯学术性研究，应围绕政府当前的政治需要和现实政治问题选题，并结合实际拿出开创性、前瞻性、针对性、即时性、深刻性、操作性、透彻性、务实性强的具体政策方案，以供政府决策参考。

当然，在决策咨询研究中，不管是受政府（部门）委托的研究还是自主选题的研究，不管是研究政策思想还是政策方案，高校智库在服务政府的同时，也应坚持独立性，其研究不是为了诠释某一项政治政策，而是提出自己的理念和独立的见解。

第二节　市场视角下的中国高校智库建设

一、市场与市场经济

（一）市场

市场是社会分工和商品生产的产物，原本指交易的地点或买卖的场所。随着交易量的不断增加、交易地点的不断拓展、交易行为的日趋复杂，市场成为交易场所、交易行为、交易关系等的总称，包括产权转移中各种交易行为和发生的各种交易关系。有学者认为，市场是市场经济最基本的概念，市场概念通常包含商品交换的场所、交换行为或交换过程等两个含义。在此基础上对市场进行划分，根据地区将市场划分为国际市场、国内市场、省内市场、省外市场等，根据交换方法将市场划分为现货市场、期货市场，根据交换的客体将市场划分为钢材市场、粮食市场、图书市场、劳动力市场、资本市场等。有学者认为，市场是现实的人的经济活动场所，既体现为价格机制、交换制度和买卖关系，又是现实的人的能动的经济活动的交换过程及其结果。

市场是市场交易主体在自由公平的产权转移过程中所涉的交易场所、交易行为、交易关系等的总称。交易场所是市场参与者进行平等、自由、有序交易的平台、地点、场所等的总称，社会性、公开性是其特性，交易场所需要依法规范管理；交易行为指市场主体为顺利进行商品交换而实施的各种行为、采取的各种手段的总和，是市场的重要组成部分，包括购销行为和契约行为等；交易关系是市场交易主体在自由公平的产权转移过程中所形成的各种关系的总和，市场中的交易关系是一种具有契约形式的法权关系，是一种平等自由的等价交换关系。

（二）市场经济

市场经济是历史发展的产物，是成熟的商品经济。原始社会末期，随着社会生产力的发展，出现了社会分工和私有制，商品交换产生，小商品经济作为市场经济的萌芽形态在历史上开始出现。在奴隶社会和封建社会的漫长发展历程中，小商品经济虽然得到一定的发展，但受到自然经济的长期挤压，始终未成为主要社会经济形态。伴随着社会生产力的进一步发展，生产社会化程度不断提高，商品交换关系越来越重要，资本主义形态的市场经济出现。在资本主义市场经济条件下，交换双方可以自愿自由地进行交易，社会经济关系主要是一种物质交换关系。社会主义中国吸收资本主义市场经济的合理成分，积极建立和完善社会主义市场经济体制。

在大多数学者看来，市场经济是一种资源配置方式。在市场经济中，由一个价格、市场、盈亏、刺激和奖励的制度来决定生产什么、如何生产和为谁生产的问题。有学者提出，市场经济制度强调经济资源和生产资料的私人占有制，强调个人的选择自由、竞争、利润动机，强调价格由供给和需求决定。在中国，市场经济是一种市场机制发挥基础性作用的资源配置方式的观点已成为经济学界的共识。有学者认为，市场经济的两大特征是：自由竞争为他人创造价值；分工合作。还有学者认为，市场经济是市场机制在资源配置中发挥基础性作用的一种生产形式。市场机制配置资源是通过价格、供求等一系列经济机制的作用而实现的，这些经济机制是从不同角度体现了价值规律的作用。

市场经济是一种经济形态或经济手段，是通过市场交换以满足自身和他人需求并通过参与社会分工以实现自身效益提升的经济运行体系。在市场经济中，

"需求–供给"关系是核心关系，可以根据市场需求进行市场资源的配置、调动，供给、调节市场参与的资源，在广泛的时空范围生产各类产品，根据自身发展需要进行各种交易以获取生产资料和生活资料。满足各类市场参与主体的需求是市场的初级动力，通过创造需求以进一步扩大市场参与主体是市场的高级动力。

二、市场视角下高校智库建设的原因

（一）高校智库与政府之间构成市场供求关系

在智库思想市场上，高校智库与政府之间形成市场供求关系。高校智库能够生产政策思想、政策方案，并通过服务政府决策咨询等方式，用研究成果影响政府政策制定、执行、监督、评估等过程，在政治和学术之间架设起一座沟通的桥梁；也能够通过多种传播渠道对其提出的思想观点、价值理念等进行广泛传播，以引导公众舆论和社会走向，同时对公众的各种利益诉求、思想观念、意见建议等进行汇集报送，在政府和民众之间也搭建了一座沟通的桥梁。

高校智库与政府之间构成了市场供求关系，高校智库是智库思想产品的生产者、供给者，而政府则是智库思想产品的需求者、购买者；智库思想产品的内容广泛，包括政策思想、政策方案、战略规划、咨询报告、创意设计、信息数据、教育培训、出版物等。在这种市场供求关系中，高校智库能够更多地通过竞争机制获取更多的政府合同，更多参与到服务政府决策咨询、政策制定之中；政府向高校智库购买决策咨询服务，政府与高校智库之间实质上是一种商品交换关系，政府与高校智库签订契约，高校智库为政府提供智库思想产品，政府则根据决策咨询服务质量通过公共财政向高校智库支付费用。

在智库思想市场中，政府可以从包括高校智库在内的各类智库提供的智库思想产品中进行选择，对各家智库生产的政策思想、政策方案等智库思想产品进行比较，通过政策博弈从中遴选出最符合需求的高质量智库研究成果，推进公共政策制定、执行、监督、评估的科学化和民主化，让公共政策真正符合国家、社会、民众利益，推进国家治理现代化进程。也就是说，政府的决策咨询服务需求，在一定程度、一定范围内与高校智库的决策咨询服务供给实现了有效对接。

（二）满足高校的经济诉求——高校智库建设的内部动力

中国高校智库建设受到高等教育政治论哲学的影响，在高校智库建设的背后总是或多或少能看到政府的身影，政府为高校智库建设出台相关政策和制度，为高校智库建设提供财政支持，体现了浓厚的国家主义。但从本体论来说，高校智库是高校组织分化后的一种内部学术组织，履行高校科学研究、社会服务职能，其建设路径与高校运行逻辑具有较高的内在统一性。

在高校企业化运行、市场化运作的过程中，受到学术资本主义的影响，高校常常通过提供科研服务、转让技术专利、共建产业园等方式，围绕知识的生产、传递、应用等环节与外界建立等价交换关系，以获取各种经济利益，为高校的发展奠定坚实的经济基础。

从一定程度上说，高校智库便是高校为获取经济利益而生产思想产品以满足政府决策需要的一种科研服务机构，高校建设智库是高校为获取经济利益而开展的一种商业行为。可以这么说，作为高校的附属机构，高校智库从诞生之日起，便是高校社会服务职能的重要实施机构，其运行同样受到市场力量的影响。高校智库是高校为有效回应政府或企业等对科学决策的需求而建设的一种科研组织，是高校服务社会的一种趋利行为，通过为政府或企业提供思想产品服务而实现一定程度的盈利。在高校智库思想产品的交易过程中，高校与政府或企业共同遵从市场经济的自由交易原则，标的物是思想产品，中介是货币。在交易中，高校作为政策思想产品交易的"卖方"，将政策研究成果出售给政府，获取办学经费等经济资本的同时，也在一定程度上积累丰厚的文化资本和社会资本，促进办学质量和社会声誉的不断提高；政府作为政策思想产品交易的"买方"，不是资源的"无偿供给者"，而是思想产品的"交易者"，向高校提供选择性科研资助经费等资源，换取高校智库的政策研究成果作为科学决策的理论依据，此时的政府是与企业具有相同性质的"经济人"。

（三）迎合政府的知识诉求——高校智库建设的外部动力

政府之所以推进高校智库建设，其原因之一便是高校智库的思想产品能在一定程度上满足政府的决策咨询和政策制定需求。在智库思想市场中，高校智库作为政策思想产品的供给者之一，政府作为政策思想产品的需求者、消费者、购买者，政府通过思想市场向高校智库购买思想产品，能在一定程度上满足自身的决策科学化、民主化需求。具体说来，主要体现在以下两个方面：

一方面，国家治理变革需要高校智库思想产品。从一定程度上说，政府在思想市场上向高校智库购买政策思想产品，能够促进国家治理变革进程，推进政府实现良治。伴随着中国经济社会的持续发展，中国进入全面深化改革时期，改革的系统性、整体性、协同性要求不断提高，政府面临的各种问题错综复杂，承担的各项改革异常艰巨，调整的利益格局多元多样，置身的决策环境日益复杂，政府的治理能力受到巨大挑战和严峻考验。政府为了确保决策和政策制定更加科学、更加民主，需要在智库市场上购买高质量的政策思想产品。作为智库的一支重要力量，高校智库依托学科优势、人才优势等在智库思想市场上异军突起，以其高质量的政策思想产品在一定程度、一定范围满足政府的决策咨询需求，提升政府的治理能力和水平，推进国家治理进程。

另一方面，政策思想市场的繁荣需要高校智库的积极参与。政府要想科学、民主治理国家，就应不断地完善公共决策机制，使得智库政策思想通过公共决策机制影响政府决策和政策制定过程，而这离不开智库思想市场的繁荣。在智库思想市场中，需求者、消费者或是各级政府，或是各类企业，或是各类媒体，抑或是公众；供给者是各类智库；产品则是政策思想、政策方案、专家知识、对策建议、批评意见等。高校智库作为智库的一支重要力量，积极与社会智库参与决策咨询服务，自然在一定程度上打破政府政策研究室、社科院、党校等各类官方智库一家独大的格局，激活智库思想市场，促进体制内外各类智库之间公平竞争关系的形成，促进智库思想市场的繁荣，不断优化完善公共决策机制。

三、市场视角下中国高校智库建设的路径

（一）市场改革——完善高校智库思想市场

高校智库具有公共产品属性和私人产品属性，对市场总是"若即若离"。一方面，高校智库具有公共产品属性。高校智库是高校服务经济社会发展的一种特殊机构，是连接高校和社会的桥梁与纽带。高校智库生产"特殊产品"——政

策思想、政策方案等，其产品具有一定的外部经济效应，表现出独特的公共产品属性。因此，一些人认为，不应当在高校智库建设中引入市场逻辑，不应该提倡高校智库的市场化和产业化。另一方面，高校智库具有私人产品属性。高校智库通过提供政策思想、政策方案等，能够促进政府、企业等的决策者人力资本的形成，在一定程度上满足政府、企业等的决策者的个人需求，促使他们实现主观追求和现实利益。因此，高校智库的建设在一定程度上适应市场原则。

高校智库建设既不能完全由政府控制，也不能完全交给市场运作，而应遵循市场规律，以自由市场理论、市场失灵理论为理论支点，在培育完善高校智库思想市场以营造公平竞争环境、实现供需平衡的同时，也应通过监督管理和评估评价等方式进行有效规制，确保高校智库思想市场健康有序。

1. 培育市场——营造公平竞争环境，实现供需平衡

自由思想市场理论由来已久。持有自由思想市场理论的学者们认为，思想市场是商品市场的一类，"看不见的手"会使市场有效地配置资源。建设中国特色新型高校智库，遵循市场规律、培育公平竞争的智库思想市场尤为重要，因为市场机制能够营造公平竞争的市场环境，促进智库产品生产要素资源的合理流动和优化配置，能够有效激励高校智库发挥供给主体的作用，促使高校智库积极地、主动地创造更多的高质量智库思想产品，实现高校智库思想市场的供需平衡。具体来说，可以从以下两个方面努力：

首先，完善智库思想产品供求机制，为高校智库提供公平竞争的思想市场环境。培育高校智库思想市场，其供求机制的建设和完善是关键，能够为高校智库参与政府决策咨询服务提供自由公平竞争的市场环境。建设思想产品供求机制的途径很多，但"合同外包制"和"直接购买制"两种途径非常关键。此处所说的"合同外包制"，是指政府依据需求而预先向智库购买决策咨询服务的合同外包机制。在智库思想市场上，目前，政府购买决策咨询服务主要采用定向委托方式，并未形成实质意义上的高校智库思想市场。因此，在完善定向委托购买方式的基础之上，可以采用公开招标、邀请招标、竞争性谈判等多种方式预先购买智库思想产品，增加竞争性购买方式，活跃智库思想市场。此处所说的"直接购买制"，是指政府作为智库思想产品的需求侧，根据决策咨询需要，按照第三方评估机构的估价，直接购买高校智库现成的思想产品。

其次，构建政府与高校智库之间的协调沟通机制，促进双方实现有效对接。有学者认为：加强智库建设，一方面需要高校智库对接政府需求，另一方面也需要政府为智库的建设提供制度保障。高校智库思想市场的培育，智库与政府部门应共同发力，在彼此之间构建协调沟通机制，加强彼此间的互动与交流，互通信息、互相支持，提高高校智库思想产品的针对性、适用性，提高政府对智库思想产品的采纳量、采纳率，促进智库思想产品在供给和需求之间实现平衡，促进政府决策的科学化、民主化。从高校智库方面来说，可以主动与政府相关部门、工作人员保持长期联系，加强沟通，以此了解政府的相关政策咨询需求，同时让对方了解本智库的现有思想产品及预期研究规划，以实现双方相互理解、互为支持；最为重要的是，应为政府决策咨询提供高质量的思想产品，对政府决策、政策制定等施加一定影响，帮政府出谋划策、分忧解难，最终获得政府的信任和支持。从政府部门来说，也应主动与各类高校智库保持联系，真正将这些智库视为政府的智囊团，主动将政府决策需求通过相关渠道和平台传送给各高校智库，主动向高校智库购买现成的思想产品，同时向相关高校智库公开信息、数据以确保政策研究的质量；还应主动出台相关政策、制度，确保高校智库"旋转门"机制的构建，以推动政府与高校智库之间人员的流动。

2. 规制市场——监管市场运行，评估供给主体

伴随着高校智库的建设发展，高校智库思想市场的建设完善显得越来越重要，而对其进行监管与评估则是智库思想市场顺利运行的基础。为此，可以从多个方面进行监管与评估，以加强对高校智库市场的有效规制。这里仅论述以下两个方面：

首先，建立高校智库市场评价监督体系，健全决策咨询服务问责制度。在培育高校智库思想市场的同时，政府应重视有效规制智库思想市场，充分发挥规制主体的责任，在高校智库思想市场准入及智库思想产品的生产、供给、采购等方面进行监督管理和评估评价。在高校智库思想市场的监管方面，需要建立高校智库思想市场评价监督体系，健全决策咨询服务问责制度，促使高校智库及从业人员增强责任感。为了确保高校智库思想市场的正常运行，政府应及时完善高校智库市场的监督评价体系，对政府购买决策咨询服务的全过程进行监督评估，即：在购买决策咨询服务时，政府与高校智库应依据相关法律、法规、制度，自愿公

平地签订购买合同；高校智库向政府提交思想产品时，政府相关部门或其委托的专家评估组应进行质量评估、价格评定；购买高校智库思想产品后，政府相关部门或其委托的专家评估组还应对产品的作用和效果进行动态化评估。此外，还可以建立健全高校智库决策咨询服务问责制度，对提供低质量、低水平思想产品的高校智库及相关人员问责，特别应对一些伪造数据、提供不实信息等错误做法而导致政府决策出现重大失误的相关智库和人员追责，将其纳入智库咨询行业黑名单，对造成严重后果的智库直接予以撤销，并追究相关人员责任，以改变智库决策咨询无责任风险的弊端，减少智库决策咨询的随意性，增强其责任感和科学性。

其次，建立高校智库行业自律性组织，协助政府部门开展监管和评估。在高校智库思想市场的管理中，政府的行政力量作用很大，但也有一定的局限。高校智库行业协会可以对政府关于智库出台的政策和法规进行研究，并在此基础上制定高校智库行业相关管理制度，确定行业标准、规范等，并依据这些制度、标准、规范等监督管理、评估评价高校智库，对决策咨询服务供给发挥第三方监管和评价作用；可以在政府与高校智库之间搭建沟通协调的平台和纽带，代表政府对高校智库进行有效管制的同时，也应积极调研高校智库行业运行状况，并向政府及时反映高校智库从业者的愿望和呼声，及时表达行业利益诉求；可以研究高校智库思想产品的特征，专门针对这种特殊产品制定相应的知识产权保护制度，对侵权单位或个人进行追责，以切实保护各高校智库的知识产权，最大限度地减少侵权事件，维护从业人员的合法利益。

（二）需求侧改革——扩大政府对高校智库思想产品的需求

1. 构建竞争性的政府决策咨询模式

在中国，智库建设离不开两个关键因素：一是资源，二是有效使用资源的制度空间。政府权力能够对这两个因素施加重要影响，也即是政府权力影响智库建设进程，政府在中国智库建设中处于主导地位。在智库政策思想市场中，政府作为政策思想产品的需求方，处于整个智库政策思想市场的中心位置。为了提高政府决策的科学性和民主性，各级政府应该重视各类智库的发展，逐步改变过去官方智库一家独大的不科学格局，而是在推进体制内智库共同发展、合理布局的同时，也将社会智库纳入中国特色新型智库体系建设，形成官方智库、党校、社科院、科学院、高校智库、社会智库等各类各级智库公平竞争、合作发展的良好态势，构建竞争性的政府决策咨询模式，扩大政府对各类智库政策思想产品的需求，进而推进智库政策思想市场供给方的多元化发展，以最大限度地满足政府对政策思想产品的多元化需求。

为了满足政府需求，高校智库应发挥学科齐全、人才聚集、基础研究扎实、学术积淀深厚等优势，不断提高来自政府信息的可及性，坚持政策思想产品生产的独立性，以科学性、战略性的政策思想产品获取政府的知识信任度，努力成为政府政策思想产品的重要供给者。

2. 建立政府购买决策咨询服务制度

在智库思想市场中，政府采购制度更加符合契约精神。在这种交易制度之下，高校智库作为智库的一支重要力量，获得了与政府相对等的思想市场主体的地位，成为重要的智库思想产品供给方之一。

在政府购买决策咨询服务方面，一些发达国家已经有一些好的做法和经验，值得中国学习借鉴。中国政府相关部门应在充分借鉴国外先进经验、全面总结中国探索实践的基础上，对政府购买决策咨询服务制度进行顶层设计，并出台法律法规，制定实施细则，建立、规范智库行业组织，将智库决策咨询服务纳入政府采购范围或采购目录，并具体细化购买主体、购买客体、购买流程、购买机制、资金来源、购买内容、购买方式、监督评价等内容，以增强政府购买智库思想产品的操作性、科学性，扩大政府对智库思想产品需求的常态化，进而激励和引导高校智库等各类智库积极参与智库思想产品的有效供给。

（三）供给侧改革——提升高校智库供给能力

1. 优化组织建设以保障内涵式发展

在高校智库建设中，因为人力、财力、物力等外力资源投入的饱和，"规模扩张"的外延式知识供给方式会面临"增长的极限"。因此，从长远来看，高校智库的发展除了依靠增量资本投入之外，更加有赖于其内涵的提升，即对其存量结构进行优化整合以提高知识生产率，进而推进智库思想产品的产出。因此，应该加强高校智库的组织结构、人员配置、制度体系等组织建设和内在革新，以进一步改善高校智库的治理结构及运行体系等，充分优化整合不同资源以推进智库履行各项职能。

高校智库的组织建设主要包括组织机构建设和队伍建设两大部分。在欧美发达国家，一些发展得比较好的高校智库大都遵循市场规律，在组织架构和队伍配备上重视智库的经营管理和推广。科学、合理的组织机构建设和队伍建设，为这些高校智库的内涵式发展提供了组织保障。在中国高校智库建设中，应借鉴欧美发达国家先进智库的做法，在组织架构和队伍建设中考虑多元化设置，建立符合市场化运作、企业化经营的组织机构，吸收包括熟悉智库思想市场运营的专业人员加入智库。为此，需要做好以下两个方面的工作：

首先，合理设置高校智库领导层。可以参照现代公司运作的管理模式，设立董事会，任命正副总裁（院长、所长等）、中心主任等。智库的董事会可以吸纳商界精英、学界专家等为董事会成员，充分整合他们的政治背景、经济力量、专业知识、人际网络等，为智库建设多方筹集资金，并通过多种途径拓展智库的影响力。总裁（院长、所长等）直接负责高校智库的日常管理，对智库思想产品的生产、推销等均是其工作重点；副总裁（副院长、副所长等）和中心主任等协助总裁（院长、所长等）开展日常管理，协助抓好智库思想产品的生产、推销等工作。

其次，合理设置高校智库的执行层。在内部机构和内部人员配置方面，应以政策研究机构的设置及研究人员的配置为主，同时兼顾行政管理机构的设置及管理人员的配备。除了建设好研究项目中心、项目组、项目团队外，还应建设好资金管理、后勤服务、媒体服务、管理培训、出版发行等行政管理机构和队伍。高校智库的内部机构和人员应遵循市场规律，各司其职，共同推进。具体说来，高校智库的研究人员应遵循市场规律中的成本原则、效率原则、竞争原则等，通过智力生产劳动创造出高质量的智库思想产品；其他行政管理人员同样应遵循市场规律，加强资金管理，提供后勤服务，强化媒体宣传，扩大培训交流，加强出版发行，多方面提升高校智库的市场运作能力和水平，保障高校智库在竞争激烈的思想市场中胜出。

2. 进行集约化经营以提升思想产品质量

市场竞争原则对高校智库具有重大影响。高校智库对市场需求做出反应,智库产品的市场竞争影响高校智库竞争机制的形成,进而促进高校智库的多样化。在中国高校智库的初始建设阶段,高校智库提供的思想产品严重不足,高校智库思想市场出现供不应求的现象,各高校的智库建设路径大体相同、特征十分相似,建设定位、建设标准、产品特征等具有很多相似之处。经过近年来的建设,我国高校智库的总体数量不断增多、规模不断扩张,高校智库思想产品数量也不断增多。高校智库建设应遵循市场竞争原则,重视高校智库思想产品的生产质量,使得生产方式从粗放式逐步向集约式转型,坚持多样化、差异性,办出特色、争创一流,以内容丰富、形式多样、质量上乘、客户满意的高校智库思想产品开拓广阔的思想市场,不断提高其影响力。要实现高校智库生产经营的集约化,人力资源的整合优化、生产的独立性是关键所在。

首先,整合优化人力资源,实现人才流转"双环流"。高校智库是以政策研究为主的知识共同体,在高校智库的思想产品生产中,人力资源是核心生产要素。高校智库建设所需人才多元多样,尤其需要既有深厚学术根基又有丰富政策实践的复合型人才。当然,这种复合型人才毕竟很少,并不是每所高校智库都能拥有。因此,为进行集约化经营以提升思想产品质量,迫切需要建立健全人才流转机制,实现人才流转"双环流",充分整合优化各类人力资源,即:巧妙借鉴国外智库建立"旋转门"机制的先进经验,通过挂职锻炼、借调、交流学习、合作攻关等方式,建立中国特色"旋转门"机制,在高校智库、政府、企业、媒体等多方主体之间搭建人才交流互动平台,实现高校内外人才的"外环流";在高校内部建立人才流动机制,整合优化高校智库人员与校内其他研究人员、行政人员之间的交流互动、协同攻关,实现高校内部人才的"内环流"。

其次,开展独立性研究,形成高校智库政策研究特色。我国高校智库要想实现生产的集约化,提升高校智库思想产品质量,研究独立不可或缺。而要开展独立性研究,高校智库应根据政府需求和高校人才集聚、学科齐全等优势及所处区域特点,进行合理定位,开展特色政策研究。具体说,高校智库应遵循科学研究的规律和规则,在政策研究过程中尽量避免政府等行政权力的过早或过度介入、干预,独立自主地生产出高质量的政策思想产品,在满足政府决策需求的同时,也为发展中国政策学派、构建中国政策理论体系提供有效的知识供给。

3. 促进均衡式投入与多元化筹资以提供资源保障

政府采用重点式投入支持智库建设，促进包括一些高校智库在内的少数高端智库迅速发展，同时也带来了各类智库之间、高校智库之间发展的不均衡，在一定程度上制约智库思想市场供给能力和水平的提升。在市场经济运行中，资源配置是核心问题，市场在资源配置中起到基础性作用。因此，应在重点式投入的同时推进均衡式投入，并多元筹措建设发展资金，为高校智库建设提供充足的、可持续的资源保障。

第三节 学科视角下的中国高校智库建设

一、学科的定义

"学科"是教育中一个重要而常见的语汇。何谓学科？"学科"源自拉丁文 disciplina，具有知识体系和权力的含义。学者们从不同的角度出发，按照不同的标准，对学科做了不同的定义。有学者将学科的定义归纳为知识说、规训说、组织说等三类。

一是知识说。持知识说的学者大多基于知识增长、知识传播、知识分类的视角研究学科，认为学科是一种知识体系。有些学者将学科知识说进一步划分为学问学术分支说、教学科目说、科学分支说等。知识说在各种关于学科概念的界定中始终处于主导地位，我国出版的多种辞典和很多国内外学者大多持这种观点。有学者从两个层次对学科进行界定：从教育层面而言，学科是一种知识分支；从大学角度出发，学科是一种研究高深专门知识的研修分支。我国学者从发生学的视角给学科下定义，认为学科是具有特定研究对象的科学知识分支体系。

二是规训说。从词义来看，训练、训导、处罚是"学科"的一种含义。因此，一些学者持规训说，认为学科是一种规训制度。也有一些学者认为，学科既是知识体系，也是规训制度，是两者的统合体。有学者指出，学科隐指对研究对象与门徒予以规训和控制的权力组合。有学者认为，学科一方面是指知识的分类和学习的科目；另一方面，又指对人进行的培育，尤其侧重于指带有强力性质的规范和塑造，即学科规训。还有学者认为，从学科内容的角度看，学科是在历史发展进程中，知识体系、规训方法的统一体。

三是组织说。持组织说的学者认为，学科是一种学术组织。他们一般将学科从知识系统拓展到组织系统来研究。在他们看来，作为组织系统的学科总是以发展知识、创造知识为主要目标。一般而言，学科具有三个层面的含义：从知识论视域看，学科是系统化、规范化、专门化的知识体系；从组织学视域看，学科是围绕着系统化、规范化、专门化的知识体系而组成的学术组织；从社会学视域看，学科是规训系统化、规范化、专门化知识体系的人才培养制度。

二、学科视角下高校智库建设的原因

（一）学科可以为高校智库建设提供知识支撑

高校是高深学问所在之地，发现、探索、传播、保存、发展高深学问是学科在高校中的最基本使命。只要高等教育仍然是正规的组织，它就是控制高深知识和方法的社会机构。它的基本材料在很大程度上构成各民族中比较深奥的那部分文化的高深思想和有关技能。在高校中，学科知识是系统化、规范化、专门化的知识体系，这些高深学问令常人难以企及。正是有高校学科知识体系的支撑，高校成为知识生产的重要工厂，高校智库的建设也就有了来自学科提供的丰富的知识支撑。

美国学者迈克尔·吉本斯（M. Gibbons）提出两种类型的知识生产模式。知识生产模式1主要以理论研究为导向，基于单一学科的知识生产与运用；知识生产模式2主要以问题研究为导向，基于多学科知识的生产与运用。在高校，基于单一学科的研究和跨学科研究同时并存，知识生产模式2是模式1的有益补充，并不是要代替模式1。置身全球化和信息化时代，所有国家的政策制定者面对的问题领域日益增多，决策环境相当复杂，需要解决的各种问题体现出综合性、复杂性、多样性的特点，这些深层次问题既要靠知识生产模式1提供的单一学科知识，也涉及知识生产模式2提供的多种学科知识。因此，高校智库建设，可依托多学科的系统化、规范化、专门化知识体系的支撑，同时依据两种知识生产模式进行政策思想、政策方案的生产，充分整合相关学科的系统学科知识、充足信息数据、严谨知识结构、科学理论体系、先进研究方法等进行综合性的跨学科研究。

（二）学科可以为高校智库建设提供组织支持

从组织形态上看，学科是高校组织的核心细胞，是高校的基层学术组织。高校是学科的集合体，是多样学科并存发展的学术组织。学科是高校组织的基本构成要素，是高校各级组织存在和发展的基础和立足点，学校、学院、学系、研究所、研究中心、实验室等学科组织都是以学科为基础进行建设的。高校智库建设，从本质上说离不开以学科为基础的组织支持，也就是说离不开学校、学院、学系、研究所、研究中心、实验室等学科组织的支持，高校智库隶属于学校、学院或学系等学科组织，有的高校智库在原有高校研究所、研究中心、实验室等学科组织的基础上进行建设，有的甚至与高校研究所、研究中心、实验室等基层学科组织合署办公。

学科是高校智库建设的基础。高校智库的设置和建设，大多根据所依托高校的学科状况而定，也可以依托优势学科、特色学科建立相应的专业型高校智库，开展深度的、特色的咨政研究；可以依托学科齐全优势建设综合型高校智库，开展跨学科综合性研究。在同一高校里，高校智库的设置、运行与学科之间的关系非常复杂，并非一一对应关系，有的高校智库依托一门学科，有的高校智库依托多门学科；有的学科只支撑某一高校智库，有的则同时支撑多个高校智库。

三、学科视角下中国高校智库建设的路径

（一）培育发展优势学科、特色学科，促进学科对话交流

1. 培育发展优势学科、特色学科

学者们一般将研究分为理论研究、现实研究两类，或分为基础研究、应用研究、对策研究三类。与其他研究机构相比，基础研究、应用研究是高校的强项和优势。高校智库应与政府智库、民间智库相区别，充分发挥高校基础研究、应用研究的优势，以学科导向为核心，追求研究的学理性、科学性，积极开展基础研

究、应用研究，生产出更多的创新性学科知识。如此，高校智库才能以学科基础理论、相关学科知识、多元学科人才为支撑，以学科成果转化为契机，立足多学科、宽平台整合资源，构建深度融合的跨学科协作机制，坚持问题导向适当开展一些对策研究。换而言之，各学科依然是高校智库建设的基础，只有当各学科围绕自身学科中的问题进行深入的学理性、科学性探究，生产出足够丰富、深厚而有创新性的知识时，问题导向的跨学科研究才会更有效果、更有质量，高水平、高质量的高校智库也才能应运而生。因此，我们应以"双一流"建设为契机，结合经济社会发展需要和学校自身特色、优势，从多个方面着手积极培育发展优势学科、特色学科，为高校智库建设打下坚实的基础。一是创设学科培育的优良外部环境。政府应在学科建设中充分发挥导向性、规范性、服务性、保障性等作用，提供政策支持、资源保障等服务，不断推进高校、学科之间的协同合作，推进各级学科组织根据经济社会发展需求开展产学研合作。二是创新学科培育的管理模式。政府和高校应确立系统论的思想原则，坚持人本管理的思想理念，在行政命令式的调控基础上引入跟踪服务式的治理方式，制定完善相关法规制度以保障学科培育和建设，力求学科培育和建设的管理模式、方法、手段等符合学科发展规律和规则。三是创新科学研究平台。高校应科学制定学校科研平台发展战略，在学科建设中努力做到资源共享、优化组合、合理搭配、广泛合作，在实现单个学科充分发展的基础上组建若干相对优势学科群。

2. 促进学科对话交流

各学科都有自身的边界，学科边界一般分为知识性边界（学科文化的边界）、社会性边界，前者包括学科思想价值、研究方法、术语体系、事实数据等，后者则是高校学科组织、制度等设定的学科社会性边界。但是，知识在本质上是一个整体，知识之间总是存在一定的关联性。在当代，科学整体论的思想逐步取代科学还原论的思想，这种科学哲学观的转变要求学科之间加强交流与对话，促进学科文化要素跨越学科边界而相互流动、相互渗透。此外，各种复杂问题的解决也需要多学科知识的共同参与。正是来自知识发展、社会发展对跨学科研究的需求，高校智库所依托的学科之间才需要开放学科边界，走向交流与对话，取得一定共识，彼此尊重学科价值，共同遵循学科文化规律和规则，促进学科之间的跨越、融合。为此，构建对话机制、创设学科交流环境就显得非常重要。可以在知识性层面构建学科交叉机制，建构共同认知参照框架，创设学科文化对话平台，寻求学科之间的契合与发展；在社会性层面构建学科人交往机制，推进学科人之间的相互沟通、交流、对话；构建跨学科人才培养机制，为高校智库培养跨学科研究人才，推进高校智库成员交叉学习。

（二）加强学科组织互动协调，缓解组织权力冲突

1. 明确高校智库目标

高校智库目标与所依托学科组织的目标之间存在冲突，高校智库所依托学科组织之间的组织目标也存在冲突，这些冲突给智库的建设带来了一定阻力。组织目标是高校智库获得发展的前提条件，可以引导智库成员的奋斗方向。因此，我们应加强基层学术力量、管理层行政科层力量之间的互动与协同，促成所依托学科之间的交叉和联合。在充分实现目标认同、信息沟通的前提下，有机整合高校智库所依托学科的组织目标、群体目标和学科人的个体目标，共同确定各方认可的高校智库组织目标，并在建设过程中对智库目标的实现进行过程监控、执行评价等，以共同目标凝聚智库内外的研究力量。

2. 加强学科组织互动协调

高校智库建设会涉及众多学科组织，因此，加强学科组织的互动和协调就成为必须考虑的问题。由于人事编制的限制，高校智库的研究人员数量有限，高校可以依据"矩阵结构"打造高校智库，在直线职能制垂直形态组织系统的基础上，增加高校智库与其他智库之间、高校智库所依托学科之间的横向合作关系，加强与其他智库、学科组织之间的互动与协同，在不改变研究人员原有隶属关系的前提下，迅速整合相关学科组织、学科成员进行跨学科协同攻关。此外，基于科层官僚结构的组织背景，还可以尽量提升高校智库在高校科层结构中的层次和地位，以借助行政权力来确保智库发展得到充足保障。

第七章
中国特色新型高校智库的建设与发展

第一节 建设中国特色新型智库的策略

一、创新体制机制

（一）更新观念，深刻把握新型教育智库的新定位

1. 全球视野

中国特色新型教育智库须具有广阔的视野，在世界经济社会发展的大趋势下，从国际教育改革发展大背景下把握中国教育的战略定位，提出中国教育的应对策略。还应依托高水平教育研究，积极参与国际性教育议题的设置、研究和交流合作，推荐知名智库专家到有关国际组织任职，广泛传播中国的教育实践经验和政策主张，增强在国际教育媒体和国际组织平台的话语权，把中国教育理念和教育主张有效传播出去。

2. 中国特色

智库的发展须遵循智库建设的一般规律。在智库发展相对成熟的西方国家，其智库在运行运作方式、功能作用发挥方式等方面都已积淀了较成熟有效的经验。但智库在每个国家都有自己的国别特点。中国特色新型教育智库应具有中国立场，坚持"四个全面"战略布局，坚持中国特色社会主义方向；要负有国家使命，体现国家利益，创造并形成具有中国特色的理论政策概念或关键词，争取中国的话语权，在国际学术界、教育界占据应有之地。

3. 专业能力

中国特色新型教育智库应体现专业化，走向精细化，而不是做谁都能做的

事。要集中力量创出品牌，形成专业品质、专业优势、品牌优势，在一些重点领域形成核心竞争力。所做研究应具有战略性、前瞻性、思想性、客观性和可操作性。

4. 实践导向

高度重视成果的传播与推广是世界知名智库的一个共同特点。中国特色新型教育智库不仅要努力拿出战略性、前瞻性、思想性和客观性的研究成果，还要具有可操作性，努力推动成果转化和落实，千方百计地让智库的"谋划"转化为党和政府的决策，让智库的"方案"转化为实际行动，让智库的"言论"转化为社会共识。

（二）明确方向，推进新型教育智库路径转型

1. 研究人员的转型

由重学历向重阅历和学历转变。我国传统意义上的智库，主体是从事学术研究的学者，他们很少有在决策部门任职的经历。我国智库专家与发达国家智库学者的最大的差距是阅历不足。

2. 研究内容的转型

要由注重学术理论问题研究为主向聚焦重大理论和现实问题为主转变。重点要围绕教育政策研究的学术前沿，自主开展教育政策理论研究、教育政策的历史与沿革研究以及重大议题的前瞻性与储备性研究；围绕国家和区域重大教育政策急需，开展教育政策热点和难点问题研究，重大教育政策专题研究及各种中长期或应急性的重大课题研究和案例总结研究；围绕重大政策的实施效果，开展重大政策的比较研究，政策实施过程跟踪评价、政策调适、风险预估与防范等研究。

3. 成果应用的转型

要由过去的注重学术理论成果发表向重视成果转化、产学研一体化发展转变。教育科学研究工作，大多注重学术理论的研究，并且有了研究成果选择公开发表，虽然有些成果在社会上也产生了一定的影响和价值，但大部分成果在发表后就束之高阁，并未发挥应有的经济社会价值。中国特色新型教育智库应以问题为导向，重视成果转化，并积极通过产学研一体化促进教育科学事业的发展。

4. 科研组织形式的转型

中国特色新型教育智库承担的多重使命，要求科研组织形式实现由单学科、个体化的科研组织形式向跨学科、组织化的协同创新模式转变。

（三）深化改革，创新新型教育智库的运行机制

1. 快速反应机制

服务党和政府各项教育重大政策需求一般时效性都比较强，应提升快速反应能力，通过先期储备研究、先进的研究手段、广泛的调研网络，迅速开展研究，形成有深度、有见地、可操作的研究成果。

2. 课题选题机制

探索成立由国内外顶尖专家、学者组成的选题委员会，形成科学有效、适度超前的科研选题机制，规划长远和年度重点研究课题，全面优化研究领域和选题方向。

3. 科研组织机制

探索建立团队合作、联合攻关的工作机制；逐步实现从个人兴趣向服务国家、服务大局转变，从分散的、个体化研究向团队合作、协同创新和"跨界"研究转变。实行课题负责人制度，根据课题需要组建跨部门、跨领域课题组，集中优势力量、有效整合各种研究资源参与决策咨询研究。

4. 成果审核机制

实行研究成果分类送审制度和质量把关制度，形成高标准、严密规范的成果质量保证体系。

5. 激励导向机制

建立以激励为导向的成果评价机制。提高科研组织、课题评审和业绩评价的透明度，强化竞争，提高评审标准和淘汰率，加大对优秀成果的激励力度。从重论文、著作向重完成上级管理部门任务、服务决策转变。以关注实绩为用人导向，结合公推公选、公开竞聘等选拔制度，为优秀人才的全面发展提供更为广阔的平台。

6. 项目管理机制

以问题导向和前瞻导向相结合实施科研项目管理机制。需求导向、问题导向、项目导向是目前教育科研的三大动力源。针对群众的教育需求，瞄准教育的现实问题，通过课题立项的形式，进行前瞻性研究，着力提高政策建议对决策的实际应用价值和理论价值。

7. 数据支撑机制

大数据已经渗透到当今每一个行业和业务职能领域，数据分析能力正在成为组织的核心竞争力。应建立各类教育数据库，形成一批具有集成优势的智库研究平台。坚持用事实说话，用数据说话，通过对数据的定量、定性分析，为教育科研提供全方位的、更具专业化和个性化的服务。

二、培养智库人才

（一）新时代教育智库迎来新机遇

新时代迎来智库建设的最佳机遇期，新时代、新目标、新任务是智库发挥作用的新机遇。在这样一个新时代，社会进入教育发展机遇期、民主决策机遇期、智库建设机遇期、社会治理机遇期、全球治理机遇期等五大机遇叠加期。

在这种背景下，教育智库应抓住机遇发展壮大，在建设过程中要做到全球视野、中国立场、专业能力、实践导向。第一，发展规模扩张化。包括两个方面：国内布局与国际布局。显然国际层面难度更大一些，需要较强的实力。第二，政策建言要优质化。重大教育建议一定要建立在研究的基础上，建立在调研的基础上，要具有专业性、特色性和实证性。第三，体制机制创新化。智库的体制机制、运转模式、目标、任务与以往的教育研究机构有很大差异，不能完全按照过去的教育研究机构运行，智库的研究人员应多做应用性政策研究，并为政策建言提供坚实的学术根据。

既要有思辨研究，也要有实证研究，多种方式推进。

达成上述三点需要进一步完善体制机制，包括协同创新机制、快速反应机制、课题选题机制、科研组织机制、成果审核机制、激励导向机制、项目管理机制、数据支撑机制，这些机制同样不可忽视。

新时代，教育智库应全方位大力度释放自身能量。智库要充分发挥资政建言、理论创新、舆论引导、社会服务、公共外交、人才育用六大功能。智库本身要培养人，更要使用人。资政建言是智库的首要功能，同时智库本身也要形成和创造出自己的话语和概念。

（二）发挥专业学科优长，助推教育智库人才培养

随着体制机制改革进入深水区，教育与社会发展的矛盾日益凸显，决策的复杂性要求教育智库的政策研究尽可能专业、全面。这样一来，原有的人才培养规模明显无法提供足够的人才，这就迫使我们思考，能否全面推进各高校自主设置教育政策学二级学科，为教育决策咨询培养专门型人才。这是基于以下两点的思考；一是社会的迫切需要。在国家教育部贯彻落实中央关于智库文件精神、加大教育智库布局与发展的同时，调研也发现研究人员的不足常常让各教育智库要么空有其名，要么成果严重匮乏。这在今后将会成为阻碍教育智库发展的重要因素。从教育智库建设发展的角度来说，培养专业的教育政策学人才迫在眉睫。二是现有的人才培养基础。既然已经有了良好的可学习可借鉴的人才培养基础，同时社会对教育决策咨询的需求度又不断增强，那么就很有必要全面推进相关高校自主设置教育政策学二级学科，为教育决策咨询培养专业性人才。

结合国内外的情况，可得出以下四点建议；一是具有教育学硕博士授予权的高校尽快全面推进自主设置教育政策学二级学科，先行组建由教育学、管理学等学科的教师组成的研究队伍，结合本校实际情况开展教育政策学人才培养。二是在课程设置时要紧密围绕教育政策研究的目标，加强公共政策学等基础课程的学习，而非照搬教育学原理等课程的培养方案，从而实现培养目标的精准性。三是一定要加强跨学科研究方法的渗透，特别是定量研究方法的学习掌握，如教育测量与统计、政策评估等，以助于在政策研究中用数据说话。四是以培养促研究，在人才培养的过程中尽可能推动培养机构成为教育智库；反过来也要做到以研促培，以当地现实教育问题的研究提高人才培养的质量。

三、善用媒体传播

有学者提出了"智库+"的新模式。"智库+"的理念非常好，将"互联网

+"的概念引申到智库发展上，体现了战略思维、平行迁移思维，能够将智库可以做、能够做的事情都涵盖进来，可以使我们对未来的发展持开放的态度。未来随着时代的发展，社会发展需要智库做什么，智库就可以做什么。这包含无限的想象空间，是带有引领性的一种理念。智库可以+学校、政府等，为日后智库的发展，也为政府、社会或者其他方方面面对智库的需求提供了想象空间。"智库+"的过程是一个双赢的过程，智库有了更大的发展空间，同时社会也有了更多可以依靠和利用的平台。

融媒体时代信息传播渠道丰富，教育智库因其研究的属性，在之前的很长时间里位于幕后，但是教育的进步需要科学的言论引导，教育智库如何结合当前的科技水平和媒体形态，做好自身的影响力传播？

国家对网络舆论有定位，有人称它为第五种权力。如果不善于利用网络这个便捷、廉价、迅速的方式，就没有办法做好自身的工作。目前进入了移动互联网时代，无论是在政治、经济、文化、教育，还是其他方面，我国媒体的作用都越来越大，所以教育智库需要学会如何和媒体交流，如何和媒体互动，通过与媒体的互动来传播自己的理念，推进工作的开展，使得关于政策的建议引起方方面面的重视。

"教联网"是在互联网时代，把互联网的一切手段、方法、技术、理念运用到教育领域的体现。互联网时代最开始是一般的网络，后来出现了移动互联网，之后是物联网、车联网。在教联网时代，教育会呈现什么样的状态，对传统教育会带来哪些挑战？教育将会面临哪些冲击？这些都是教育者需要思考和研究的。可以确定的是，人才培养目标、教育内容、教育方法、教育手段、教学组织形式、教育教学管理方式、教学评价方式，都会发生根本性的变革。应对这种挑战和冲击，教育要发展自己、壮大自己，迎接挑战，培养更多的新型创造性人才。

四、加强理论指导

（一）教育智库建设应坚持"五性论"

教育智库"五性论"是指教育智库具备的五种基本特性，即应用性（非理论性）、专业性（非业余性）、独立性（非依附性）、公益性（非营利性）、连接性（中介性）。

第一，强化教育智库的应用性，为实现具有中国特色、世界水平的现代教育、建设教育强国服务。

应用性即非理论性，坚持实践导向。教育智库应以实现具有中国特色、世界水平的现代教育服务，服务决策咨询、服务社会为主要目的。教育智库与一般的教育研究机构不同，虽然也进行教育理论创新研究、需要学术理论支撑，但非纯学术性理论研究，与大学等研究机构的纯学术性理论研究在目的、方法、内容与形式等方面都有显著不同。教育智库的理论创新是以转化成教育政策与实践创新为目的，以服务实践为最终依归。教育智库在注重应用性的同时，应正确认识中国教育的独特性，为中国特色教育实践服务。这种特殊性主要体现为独特的教育国情及独特的文化传统。教育发展无疑也要基于中国国情，体现中国特色。教育智库在进行教育领域问题研究咨询时，应坚持中国特色社会主义核心价值观，把握正确导向，强化教育智库的应用性研究能力，为实现具有中国特色、世界水平的现代教育服务。

第二，提升教育智库的专业性，重点打造高端教育智库及专业教育智库。

教育智库在教育政策研究咨询方面，有一套自身的专业规范与运作逻辑，它具备专业人员、专业方法和专业精神的特质，不是任何人只要感兴趣就可进入并从事的。教育智库作为智库的重要组成部分，是以教育领域重大战略问题和公共政策为主要研究对象的非营利性研究咨询机构。它的组成以教育专家为主、跨学科专家为辅，为各级各类教育决策者在处理教育问题时提供专业的思想、理论、策略或方法等。教育智库的研究成果要能揭示教育现象背后的本质及规律，经得起实践检验，就必须以专业性作为支撑。教育发展具有长期性、效果滞后性等特点，因而，教育智库的研究应体现专业能力，遵循教育的规律，确保研究问题的长期性、持续性，以全面、客观、真实地反映教育问题的本质，从而为教育决策咨询提供科学的服务。重点支持打造一批国家级教育智库、知名地方教育智库、知名高校教育智库、知名社会教育智库，同时也应着力建设各种专业教育智库，包括学前教育智库、基础教育智库、高等教育智库、职业教育智库等。高端教育智库重在研究国家教育重大战略性、前瞻性问题，专业教育智库则侧重于研究各级各类教育问题，为国家提供高质量、专业化的教育决策研究与咨询。两类智库相辅相成，共同为促进教育决策专业化提供智力支撑。

第三，确保教育智库的独立性，保障教育决策咨询的客观性。

教育智库不能没有自己的研究与判断，不能随意迎合官方与上级或社会大众，不能把建言献策当作个人升迁或获得个人社会声誉的手段。这里的独立性与西方智库所说的绝对的独立性有所区别。教育智库应在坚持中国立场、为党和政府服务的前提下，秉持建设的态度，与政府部门及资助方保持适当的距离，从而确保教育政策研究的客观性。坚持求真务实，理论联系实际，强化问题意识，积极建言献策，提倡不同学术观点、不同政策建议的切磋争鸣、平等讨论，创造有利于智库发挥作用、积极健康向上的良好环境。这为教育智库研究的独立性提供了明确指向。为此，教育智库应秉持独立性品质，坚持开展基于证据和实证的研究，让事实、数据、资料自己说话，坚持研究无禁区，宣传有纪律，这样才能保证教育政策研究的真实性。

第四，坚持教育智库的公益性，推动教育科学民主依法决策。

教育智库具有公益性。教育智库的建立不以营利和追求利益最大化为目的，可以适当收取运营费用，以维持生存建设和发展，但不能完全以市场经济原则作为智库的运作原则。非营利性是世界各国智库的基本定位。坚持教育智库的公益性，符合智库的基本属性及我国国情的实际，对保证教育智库政策研究和咨询等的客观性、科学性、民主性，以及服务中国特色教育实践具有重要意义。

中国已是世界上最大的教育体，教育实行科学民主依法决策，是确保教育为人民服务的基本前提。教育改革的复杂性和系统性要求其必须有正确的价值取向、科学的变革内容、柔性的变革方式、民主的教育决策机制等，其中，民主、科学的决策机制是关键。随着社会发展及公民意识的觉醒，教育政策呈现出利益相关方多元化的趋势，政府、企业、家庭、社区、社会团体等均与教育政策息息相关，因此，教育智库要积极整合各个方智慧及力量，既要增强与基层及社会各界教育利益相关方的联系，能及时反映民众的重大关切，又要整合各方面的研究力量，包括高校、教科院、研究院、人大、政协等机构的专业人员，壮大研究实力，加强调查研究，研究教育领域的真问题，提出切实可行的教育政策解决方案，以此推动党和政府教育的科学民主依法决策。

第五，把握教育智库的连接性，发出中国的教育之声，积极参与全球教育治理。

教育智库的连接性即中介性，连接和整合各方力量，服务各方需要。同时，教育交流、教育开放的基本主张要求教育智库具备连接性，作为教育领域的先导，为教育交流与合作开山探路。教育智库的连接性主要体现在四个层面：一是连接教育理论专业知识与教育政策实践的桥梁；二是连接民众、社会教育需求与国家发展的桥梁；三是沟通教育与其他领域，如经济、政治、社会、卫生、环境等的中介；四是连接国内与全球教育政策实践的中介。

在国际层面，教育智库是国家教育软实力的重要载体，在对外交往中发挥着独特的作用，要建立与国际知名教育智库交流合作机制，开展国际合作项目研究，积极参与国际教育智库平台对话。我国教育智库通过与重要国际组织、知名智库建立多层次、多渠道、全方位的合作关系，增进国际教育的理解与互信，依托高水平教育研究，积极参与全球性教育议程、标准、规则等的制定，在全球各地设立分支机构，推荐知名智库专家到有关国际组织、智库任职等形式，增强在国际教育媒体和国际组织平台的话语权，在国际教育领域发出中国的声音，传播中国的教育理念与主张，为全球教育发展贡献中国教育智慧和中国教育方案。

（二）教育智库实现转型的路径与措施

1. 加快教育智库理论创新，建立中国教育智库的理论体系和话语体系

理论创新可以厘清实践中的疑惑，为改革发展提供清晰可遵循的思想来源。我国教育智库理论创新的目的是建立属于自己的理论体系和话语体系，其内容包括教育智库的性质、定义、结构、功能、作用建构等。中国的教育智库扎根中国大地，服务中国人民，因而需要通过理论建构，寻找适合自身转型发展的理论与话语体系。理论建构起始于对经验现象的观察与概括，经验概括则是对现象反复出现的规律或特征的总结，或是对变量之间反复出现的某种相互关系的一种说明。我们要实现理论创新，还需要认真观察现实中过去没有发生过并且没有被解释过的新现象，它们是还没有被已经存在的理论所涵盖、所解释过的关系。中国的教育智库生长于中国特色的国情社情之中，属于新现象范畴，新现象需要新理论加以阐释。中国的教育智库建设须完成理论建构，实现理论创新。

中国新型教育智库建设的终极目的是为国家社会主义事业培养人才、造就全

面发展的人出谋划策，担负国家使命，体现国家利益，创造并形成具有中国气派的教育智库理论概念、关键词和话语体系。从智库的功能层面看，当前教育智库的主要功能是理论创新、资政建言、舆论引导、公共外交、人才育用，这些功能的充分发挥都需要相应的理论创新作为支撑，创造并形成具有中国特色的教育智库结构、功能理论，争取在全球智库界、教育界形成影响力。

在教育智库建设理论方面，应区分不同类型教育智库的建设理念与重点，加强中国特色新型教育智库体系建设理论研究，尤其是加强高端教育智库与专业性教育智库的建设理论研究。高端教育智库应聚焦于中国教育当下及未来改革与发展过程中面临的重大战略问题，如教育强国建设、教育治理现代化、教育人工智能、全球教育治理等，开展综合性、全局性、前瞻性、长期性、针对性、储备性政策研究。重点建设一批国家级教育智库、知名地方教育智库、知名高校教育智库、知名社会教育智库。专业性教育智库则侧重于对各级各类教育进行研究，为国家各级各类教育改革与发展提供高质量、专业化的教育决策研究与咨询。因此，在建设高端教育智库的同时，也应着力建设各种类型的专业性教育智库。此外，要加强地方教育智库和社会教育智库建设理论创新。地方教育智库与社会教育智库也是我国教育智库的重要组成部分，它们扎根地方基层或民间，熟知社会及当地教育实情，在为社会及地方教育改革发展出谋划策方面具有其他类型智库无法替代的优势。因此，地方教育智库和社会教育智库建设理论创新也应纳入教育智库建设理论创新体系之中。不同层级、不同类型教育智库建设的理论创新，有助于教育智库建设理论水平的整体提升。

2. 促进教育智库实践创新，形成中国本土工作思路与方法

教育理论与政策改革要从中国实践中来，回到实践中去，而不是照搬照抄其他国家的理论与经验。教育智库呼唤实践创新，要担负国家使命，体现国家利益，总结中国教育智库的实践经验，形成中国本土特色的教育智库实践体系。聚焦重点问题、关键问题，并提出有价值、有分量的政策意见和建议，这对教育智库的实践创新能力提出了更高的要求。教育智库实践创新的目的是形成教育智库建设新的工作思路、工作方法、工作措施等。其内容包括教育智库建设的思路、目的、方法、途径、路线图、任务书、时间表等。辩证唯物主义认为，实践是人们改造客观世界的物质性活动，实践是人的创新能力发展的动力。教育智库转型

要针对难以适应国家决策咨询需求这一突出问题，以明确的目标作为指引，在解决问题的过程中达成智库建设的实践创新。应用性是教育智库的基本特性之一，强化教育智库的应用性，关键在于提升教育智库的实践创新能力。教育智库的实践创新能力源于对教育实践研究的深入探索，教育实践研究则需要在广义的教育实践观下，以整体性（全面、联系、发展）的立场对教育实践进行研究，并要求进行复杂性思维下的本体性教育实践研究，对教育理论与实践进行多样研究，深入理解教育实践者，集中研究教育实践关键事件，努力揭示教育实践机制。教育智库应加强教育智库运行专业化，提升为国家教育改革与发展资政建言的应用水平，注重教育智库人才多学科、多元化融合，构建广泛的教育智库合作网络体系，寻求稳定的资金来源，构建稳定可靠的传播渠道等。在此基础上，构建教育智库发展大格局，着力于加强教育政策研究，开展教育咨询评估，加强与其他国家教育智库间的交流与合作。

在实践与理论结合层面，教育智库应积极推进与相关政府部门的对接，促进教育数据、信息、资料、观点的交流，确保教育政策研究与咨询的客观性、应用性、实践性品质。同时，注重开展与国家发展战略密切相关的教育基础理论研究及决策咨询；注重学科融合交叉，教育学应与经济学、社会学、政治学、文化学、统计学、教育神经学、人工智能等学科深度融合，既包括研究人员专业背景的融合，也涵盖研究理念、内容、方式方法的融合互通；敢于、善于研究教育的热点、难点、突发问题，构建"数据积累+建构模型"的研究方法体系。在社会服务方面，教育智库应充分发挥第三方的督导与评估作用，发布关系社会民生的教育指数，参与公众话题讨论，与社会组织、民间机构、企业、基层社区建立互动网络，参与社会项目研究及社会性活动，促进教育治理现代化。在舆论引导方面，智库应通俗阐释党和国家的教育方针及理论，解读国家教育公共政策，研判社会教育舆情，及时、客观地评论有关教育的社会热点及公共事件，采用接地气的传播方式，积极介入疏导公众情绪。在人才育用方面，教育智库应着力培养一批代表性的战略型领军人物，借助研究项目历练人才，与高校、政府、教育管理部门、社会机构协同培养，推动智库与政府及教育行政部门、学校、研究机构等主体间人员的有序流动，支持研究人员开展国际交流与合作。通过不同层面的不懈探索，构建一个完整的教育智库实践创新体系。

3. 力促教育智库文化创新，凝练独特的文化价值观

文化是群体成员所具有的共性特征，包括共同的信仰、价值观念、行为习惯、思维方式等。文化创新是人们在社会实践和文化传承的基础上，依据时代的特征，构建文化的新理论、新内容、新制度、新技术，赋予文化时代性的变革。这种变革不是对传统的否定，而是对传统的重塑，取其精华，去其糟粕，融入当代价值，进而形成符合时代发展要求的新文化。文化创新既要继承发扬民族文化传统，又要与时代保持同频共振。软实力的核心是文化，而且主要是文化中的核心，即价值观，软实力是民族文化影响力在国际关系中的反映。智库承担着"二轨外交"的重要功能，从另一个层面代表国家的文化价值观。智库是国家软实力的重要载体。拥有一批具有重要影响力和国际知名度的教育智库是一个国家教育竞争力和软实力的象征，优秀而独特的智库文化是塑造教育智库影响力的核心要素。中国智库需要具备中国特色、风格、气派，衡量的标准是看其是否具备独特的文化内涵及表现形式。为此，我们迫切需要打造特色鲜明的中国教育智库价值观、理念与文化，构建中国教育智库的独特文化体系。中国教育智库进行文化创新的目的是形成自身的文化价值观、文化理念和文化特色。其内容包括中国教育智库特色理念、精神、风格、纪律、传统文化的继承等。教育智库要通过文化建构凝练自身价值观；打造专长的教育决策咨询研究领域及成果；培育重点研究领域的核心竞争力；铸造一批优秀的教育智库品牌和教育智库产品；形成独特的教育智库理念、价值、行为规范、纪律等；优化教育智库及其成果的传播与推广方式，与各级党委政府教育部门、各级各类学校、社区等建立交流传播渠道；继承与发扬中国传统文化，整合文化资源，批判扬弃，对传统文化进行创造性转化与发展，直至再生性创造。一个文化事项被赋予了新的内容、新的属性，就是一种实质性的转化。广大的教育智库领军人物、研究人员、管理人员就是教育智库文化的创造者和实践者，完全可以积极主动地推动教育智库文化的变革和创新，选择中国传统文化中对教育智库建设有价值的部分，结合当代社会实际提炼形成教育智库新型文化。加速教育智库国际化进程，与全球知名教育智库、国际组织合作，在对外文化交流、竞争与合作中实现文化创新，塑造教育智库的国际品牌和全球影响力。教育智库建设应充分发挥文化创新的优势与动能，多层次、全方位综合聚力，最终形成特色鲜明的中国教育智库文化体系。

第二节　中国特色新型高校智库的发展

一、中国特色新型高校智库的比较优势

（一）高校智库与官方智库

我国官方智库可分为党、政府及军队设立的研究中心，包括党校、行政学院、各部委研究机构及军方智库等不同类别。中国官方智库发展得比较成熟，数量众多，影响力很大。其承担的主要科研任务是与国家利益和国家安全相关的战略性重大科技问题，企业高校和其他社会组织感到耗资巨大风险高或无力开展的基础科学和应用技术科学研究，研究可以迅速对接国家重大的战略需求，进行应用性研究。

高校智库建设具有自身的特色，首先，高校智库附属于研究型大学，人才培养、科学研究和社会服务是研究型大学的核心职能。高校智库可以充分发挥研究型大学高水平人才储备的优越性，继续培养和保留一批专业人才，也便于组织不同学科领域的学术同行组成学术团队共同进行应用对策性研究。其次，研究型大学具有高水平的学科研究基础，以及大量的专业学术研究成果，突出的学科研究优势不仅为人才储备提供基础和平台，也是从事高水平应用性研究和政策咨询服务的前提。高校智库进行长期深入的问题导向研究，提出创新性思想，这种专业性的学术研究能力和长远的知识信息储备是官方智库做不到的。再次，高校智库的研究资金来源更加多元化，更可以依据学术独立原则，跳出政府体制的束缚，更加独立、客观、中立地提出科学的创新性思想建议。最后，随着现代大学制度在研究型大学的推行、大学内部治理的更新和文化软实力的提升，高校智库在宽松而又充满青春活力和思想激扬的氛围中更容易做出独立性的、专业性和可信任的研究成果。政府解决现实问题及实现国家治理能力现代化越来越需要智库提供创新性和前瞻性思想，研究型大学作为思想创新的动力之源也逐渐成为高水平智库建设的重要力量。智库建设日渐成为研究型大学人才培养、科学研究和社会服

务核心职能的延伸和拓展。通过建设高水平智库服务于政府决策和国家发展，逐渐成为研究型大学的重要使命。

（二）高校智库与大学基层组织

1. 目标定位

无论是通过机构整合转型升级还是孵化培育而形成的高校智库，其组织建立的重要基础就是强化政策服务的职能，即具有明确的智库定位和发展愿景。调查发现，中国大部分高校智库的发展定位是推动知识创新，提供高水平学术研究成果，沟通学术研究与政策实践，从国家利益的高度为政府决策提供重要的参考和咨询，担当政府外脑，成为某专业领域内顶尖的专业智库。

其他类型的大学基层学术组织的发展定位则是推动高水平科学研究，培养高水平专业人才，为社会、科技和文明进步做贡献。

在发展定位上高校智库与其他类型的基层学术组织或许会有些许的重叠，如从事高水平学术研究产生创新性研究成果，培养行业的拔尖人才，推动社会进步和国家发展，等等。但是高校智库在此基础之上更加强化了其主动对接国家和区域的重大战略发展需求的意愿，以及从事关系国家发展的现实性和迫切性的政策问题研究并影响政府决策的导向。中国语境下的高校智库不符合国外智库的所有特征，要建成高水平智库，明确的智库定位仅仅是一个必要的前提，探索高水平智库成长的体制环境和运行机制至关重要。

2. 学科领域及研究导向

高校智库以某一学科领域深厚的社会科学研究基础为依托，以解决国家和区域面临的重大现实性问题为导向进行应用性对策研究，以影响公共政策决策为目标，是传统的院系、研究中心等基层研究组织社会服务职能的拓展和延伸。通过多学科合作进行现实问题的应用对策研究，不仅为政府决策提供智力支持，也成为推动高校社会科学繁荣发展的重要途径。在高校智库的视域之下，学术研究是决策咨询的基础，决策咨询是学术研究的重要出发点和归宿。高校智库研究公共政策问题，发挥学科优势提供实用性的解决方案，主要途径有三种：一是聚焦国家改革和社会发展的若干重大问题，进行应用对策研究；二是承担政府委托项目，进行决策咨询研究；三是自主确定课题，进行决策介入研究。

大学内部非智库定位的其他基层研究组织的研究领域不限于社会科学，许多从事人文科学及自然科学的基础性研究，其主要的研究导向是探索和发现新的知识，为人类社会的进步提供更多的知识源泉。其研究方式可以是多学科的交叉性研究，但最终目标是更好地解决研究问题，提供学理的及知识的积淀，而非应用于政策，不注重政策影响力。这种类型的学术研究机构凸显大学学术研究机构的属性，具有天然的科学研究的氛围和优势，在很长的历史时期内，这对推动知识的深入发展、提高大学的科学研究水平和培养高水平专业研究人才起到巨大的作用。

3. 支持性社会网络平台

发展成熟的高校智库往往具有复杂完善的社会关系网络支持，为更好地解决复杂性的政策现实问题，往往展开跨学科、跨部门、跨机构、跨国的协同性研究，表现为与不同国家的政府、产业界、高水平独立智库及国际组织在资源、信息和人才流动方面具有良好的沟通渠道和合作平台。

相比较而言，大学内部其他类型的基层研究组织的社会关系网络相对简单。鉴于中国高等教育管理体制的特殊性，大学与政府具有天然的不可回避的联系网络。除此之外，基层学术组织与其存在的学术社区和学术同行存在各种组织上的联系，或者是教师个人层面的各种社会关系网络。

总之，中国大学内部基层学术组织不断发展和变化，从院系、研究所、研究中心到高校智库的功能拓展，从学科交叉整合到问题导向的聚焦，从学术研究成果到应用政策研究的转变，充分体现出中国大学逐渐走出象牙塔，以更加开放、包容和多元的姿态主动回应社会制度的需求，以获得更加广阔的发展天地。这在一定程度上也反映出中国大学的社会科学研究发展日益迅速和逐步走向专业化，更加自信地从传统的封闭的学术研究中独立出来，开始寻求更加开放的和适宜的组织形态和发展方式。

但是在大学基层学术组织演变的同时，我们难以避免的一个问题即是如何更好地妥善处理并行的院系研究所与高校智库的职权关系问题，更加科学地界定各自的权力与责任，维持研究独立性，以推动功能各异的各类组织协同发展，发挥各自的学科特色实现其多样化的功能价值。高水平的高校智库在辅助公共决策的同时，也定会提升中国特色高水平研究型大学的研究视野、资源获得能力与社会影响力，这也将是建设具有国际竞争力的世界一流大学的重要途径。

（三）高校智库与社会智库

我国社会智库数量少，影响力薄弱，还处于起步阶段。由于历史沿革和体制原因，社会智库一直是我国智库发展中的瓶颈和弱势。社会智库尽管近年来有所发展，但在经费保障、项目来源、成果上呈通道、建言献策平台上先天不足。当前，中国的社会智库主要有中共经济体制改革研究会和零点研究咨询集团等。

首先，高校智库有深厚的学科研究基础和高水平的学术精英人才和研究团队，其研究实力、研究成果的丰富性、可信度和公信力优势远远大于社会智库；其次，高校智库具有更丰厚的来自政府、大学和企业等机构的资金支持，与社会智库相比，少了独自获取发展资金的巨大压力；最后，高校智库具有更广阔的平台和网络进行政策建言，其专业的思想和研究成果对政策的影响力也更可靠。

总之，当前我国高校智库的发展处于起步阶段，虽然数量很多，但在政策制定领域还没有充分发挥出优势。但是高校智库具有深厚的学科研究基础和高水平的研究团队，坚持学术独立和价值中立原则，提出专业的思想和政策建议。与官方智库和社会智库相比较，高校智库最具备成长为具有国际影响力的高端智库的必要条件。中国高校智库将通过一系列的改革，增强创新能力，加速智库平台建设和运行机制改革，增强高校智库人才团队建设，从而使高校智库成为中国智库蓬勃崛起高速发展的引擎。

二、中国特色高校智库未来发展的努力方向

一是坚持以服务国家重大战略为根本，提升研究水平。中国特色新型高校智库应当以国家现实需求为导向，以服务党和国家决策为宗旨，以政策研究咨询为主攻方向，紧紧围绕全面建成小康社会、全面深化改革、全面依法治国、全面从严治党的重大任务，深入研究党和国家面临的一系列亟待回答与解决的重大理论和现实问题，有针对性地就国家经济社会发展中的全局性、战略性、综合性问题，以及国内外普遍关注的热点焦点难点问题，开展前瞻性、针对性、储备性政策研究，推出一批导向正确、理论深厚、密切联系实际、具有建设性、可操作的

对策建议，为提高党和政府的科学民主依法决策能力提供强有力的智力支持。

二是坚持以思想传播和国际交流为载体，增强国际影响。通过开展多种形式的智库公共外交发出中国声音，用"中国理论""中国学术""中国思想"讲好"中国故事"，影响国外舆论领袖，进而为中国的和平发展构建良好的国际舆论环境。要注重国际传播，多形式、多层次、多维度地宣传中国实践与理论创新成果，在国际舞台发出"中国声音"、提出"中国主张"、阐释"中国理念"，与国外智库建立平等、高效的交流合作机制，推动中华文化和价值观念走向世界，不断增强国际话语权。要善于提炼标志性概念，打造易于为国际社会所理解和接受的新概念、新范畴、新表述，引导国际学术界展开研究和讨论，为更好地服务国家对外战略、赢得国际竞争战略主动做出贡献。

三是坚持以专业化、高水平为路径，强化专业发展。专业化、高水平是高校智库的核心竞争力。在这两者之间，专业化是基础和前提，也是高校智库区别于其他智库的特征和优势所在。高校智库需要具备显著的专业化特征，长期专注于某一领域的专门研究，形成自己的特色和品牌。应根据自身实际，紧扣国家需求，发挥专业特长，坚持打深井、做长线，对复杂问题做出独到分析。作为中国特色新型高校智库建设的"国家队"，入选首批"国家高端智库"建设试点单位的高校应当进一步把重点放在强化专业建设上，不盲从于表面的影响力和外部的评价，致力于思想和理论创新，充分发挥"国家高端智库"对其他智库的引领和示范效应，带动高校智库建设整体提升。

四是坚持以体制机制改革为动力，完善人才保障。智库是知识密集型组织，人才是思想与理论创新的主体，更是实现高校智库可持续发展的基石和生命力所在。建设新型高校智库，关键在于创新体制机制，激发创造活力。要做好改革顶层设计，突出改革重点，协调推进人事管理、科研评价、资源配置等方面的综合改革，推进高校智库从分散向聚合转变，从封闭向开放转变，从单兵作战向联合攻关转变。要建立有利于产出高质量政策建议的管理机制和激励机制，为智库人才创造适宜的发展空间和平台，造就一支方向正确、功底扎实、德才兼备、能力突出的高端智库人才队伍，推出一批学贯中西、善于开展跨学科研究的复合型人才。

第三节 中国特色新型高校智库发展的政策建议

一、明确高校智库的发展定位

高校智库以研究型大学的知识品性与学科研究为依托，形成了一个开放性的知识生产与转化的平台，多元文化在这里汇集，但高校智库的核心价值追求是产生一定的政策影响力。作为附属于研究型大学的组织，高校智库需要明确发展定位，加强组织文化建设，发展高校智库的品牌文化，进一步提升社会声誉。

（一）独立研究

作为社会高级知识精英群体，大学有着独特的学术研究优势和知识储备，以研究为基础参与政府决策，高校智库成为推动国家治理体系和治理能力现代化的重要部分。在中国进入全面深化改革的时代背景下，高校智库发展应改变"依附式"逻辑，打破"功利化"思维困局，建构恪守自身传统和价值的"问题源流-政策源流-政治源流"三位一体的话语体系。

虽然高校智库在组织上依附于大学，但是也应当保持研究的独立性和客观性，综合考虑政策需求与知识真理价值。独立研究是高校智库生产创新性思想的重要前提，使得高校智库可以公开批判政府政策。独立性是智库的目标，智库在组织上可以不独立，但应该努力追求观点的独立性。独立性包括立场独立、财务独立和研究独立等方面，其中研究独立是最基本的要求。所谓研究独立，即从客观事实出发，依靠可靠的证据、严密的逻辑和科学的分析寻找问题的真实答案，表达独立的科学的政策建议，不受资助方影响，不受资金来源的左右，不需要顾虑资助者的态度，不考虑研究结果是否损害某方利益。

为保障高校智库及其研究人员能够独立地进行研究，一流大学建设高校智库首先要拓宽高校智库的资金来源渠道，智库的发展资金不依赖于政府，也不依赖于某个利益集团，逐步探索并建立多元化的融资渠道。从而破除高校智库对政府及研究型大学的资源依赖，增强智库发展的自我造血能力。其次，制定明细的资助资金使用规则，将出资者意愿与资金使用方向分离，使研究在不受干涉的情况下实现智库研究人员的研究独立。再次，给予研究人员充分的研究自由，鼓励研究人员根据自己的兴趣独立开展研究，不固定研究方向。研究人员有独立的立场，不代表某一个利益群体的利益。最后，建立相互对话和自由辩论的学术交流空间，形成百花齐放、百家争鸣的学术生态环境。智库提升内部治理能力，建立一定的工作机制和文化氛围，形成自由的思想交流的场所，对不同的立场与观点持包容和尊重态度，鼓励不同政见的学者自由交流，建立完全竞争的学术生态。

（二）反思批判

作为设在大学的为政府提供咨询建议且形成制度化建制的组织实体，高校智库存在的合法性是有研究的自由度，独立性地坚持真理、反思批判和思想创新，通过规范的科学研究和专业的知识基础，为政策决策者提出有针对性的反思，从专业的视角来批判现有政策的不足，并提出可操作性的科学建议，从而帮助决策者对现有的政府政策与政府行为进行"矫正"。因此可以说，政府和党派设立智库，在一定程度上是在"求医问药"，而不是政府机构和利益集团为自身政策和行为进行合法性注解的"论证机器"。

实现反思批判的任务，第一，高校智库的专家和研究团队应当具有学者独立的精神品格，坚持知识真理，不为权力和金钱蒙蔽；第二，淡化名利，摒弃功利主义，不盲目追求科学研究的实际效用和短期效用，遵守学术研究需要长期性和系统性的积累的规律，而更应当关注其研究的科学性和客观性；第三，高校智库的专家和研究人员要有主动参与公共政策的兴趣和热情，做接地气的研究，关注社会现实问题，关注和融入国家经济社会发展的时代背景中，对改变不适宜的社会现状有信心，主动担当学者的社会责任，为现实问题的解决提供战略谋划；第四，政府调整自身的角色，由管理者转变为服务者，善于倾听来自高校智库的专家学者的建议，即使政府出资设立高校智库，这些设立的机构也并不是政府的附庸机构，而是有自身发展理念和价值追求的组织实体；第五，大学应当结合自身的特色和优势有选择地去建设智库，不能随波逐流、盲目跟风，通过建设智库提出政策相关的创新性和前瞻性思想。

因此，除学者个人树立独立、淡化名利和远离功利的精神品格之外，政府机构和研究型大学应当给予高校智库更多的自主权，使高校智库有独立的发展愿景和发展战略，鼓励高校智库自由地研究探索、勇敢地改善不合理政策，帮助政策制定者更好地改进和提高治理能力。

（三）思想创新

知识经济时代，创新能力决定着一个国家在国际竞争和世界格局中的战略地位。高校智库的知识生产和思想创新能力是关系到高校智库生存与发展的关键因素。高校智库组织发展的核心是通过学术研究进行思想创新，只有通过思想创新，才可以创造出比传统的知识生产活动更有价值的思想和知识。因此，思想创新是高校智库发展的动力源泉。

所谓创新就是建立一种新的生产函数，把一种从来没有过的关于生产要素和生产条件的新组合引入生产体系，包括引进新产品、引进新方法、开辟新市场、挖掘原材料的新供应来源、实现企业新的组织，创新是对新产品的创造，或是利用新的方法和技术进行产品的生产，目的在于企业组织方式的变革。思想创新表现为通过科学研究，包括基础研究和应用研究，获得新的基础科学、技术科学知识和思想的过程，以期能够改变社会现实。在多数有关创新的研究中，无论经济学的界定，还是教育学抑或社会学的界定，都需要明确创新是在特定的时间、空间和条件下发生的，环境及影响因素对创新产生的作用很重要。因此，对不同类型的组织而言，其创新的内涵和实现创新的途径也大相径庭。

将创新理论应用到高校智库的研究，可以理解为在现代大学的范畴内，通过不同于以往的创新思维对高校智库的组织方式、管理结构、评价体系和思想产品进行内容和形式上的革新，它主要表现为通过利用新思维、新方法进行人员配置，对旧的知识生产活动进行改进和补充，从而变革知识生产以产生新的思想，只有真正产生创新性思想和高质量研究成果的智库才具有可持续发展的生命力。高校智库要实现思想创新的目标，应当坚持以学术研究为思想创新的根本前提。学术研究是思想创新的基础，思想创新是学术研究的目的。学术研究就是为了思想创新，思想创新的目的在于提高社会贡献力和影响力，可以说，思想创新是学术研究的最终形式。高校智库的思想创新不是表面形式上的创新，而应当是在本质上有所突破，它能够针对社会现实和国家战略需求，实现思维方式、技术方法、体制机制和思想产品的变革。

二、建设专业化的人才队伍

（一）集聚人才

集聚大学内外的研究人员，组建卓越的研究团队，发挥研究合力产生政策影响，是中国特色新型高校智库发展的重要一环。

高校智库具有担当人才储备库和蓄水池的功能，要实现储备人才的功能可以通过以下三个方面来实现：首先，储备全职研究人员。通过正规的招聘程序聘用专职研究人员，从事所在学科领域的专题研究，承担人才培养和部分政策咨询任务。大学教师的政策参与行为主要受政治环境、社会地位和个性特征的影响，除此之外，个人专业能力、掌握的资源及其政治信仰也是重要的影响因素。因此，应当创造条件鼓励大学教师积极参与高校智库的资政建言活动。其次，充分发挥大学多学科研究人才集聚的优势，组建高水平研究团队，召集大学内部多个层级、部门和年龄段相关学科领域的研究人员从事政策相关问题的研究，发挥他们的学科优势，最大限度地提升高校智库的研究水平。最后，吸纳大学之外的其他政府、媒体等其他社会机构人员加入研究团队。高校智库的人员配置和团队建设中，仅仅以学术导向的大学教师作为研究的主体力量不利于提升影响力和发展水平。借助于大学广阔的发展平台引进具有政策研究热情的政府人员、媒体人员及其他社会组织人员参与并加入高校智库的研究队伍，是高校智库保持发展生命力的关键。随着中国社会现代化进程的演进，学者们也普遍认为，有类似企业家精神的政策倡导能力的知识分子在公共政策过程中的重要性凸显，他们参与政策制定也成为趋势。这是研究人员实现其治学理想并服务国家的重要体现。

高校智库的全职研究人员、校园内的多个学科领域的专家学者、校园外部其他政府机构、媒体和社会组织的人员共同构成了高校智库人才团队的储备力量，他们发挥各自的专业及其实践优势，为高校智库思想创新贡献智慧。

（二）培养人才

高校智库附属于大学，具有区别于独立智库的显著特征，那就是许多高校智库具有人才培养的职能。高校智库可以发挥大学多层次人才集聚和学科研究基础雄厚的优势，培养学科研究和政策研究人才，在平时课题研究中使其参与一定的政策研究并成为高校智库研究团队的重要组成部分。高校智库的人才培养可以通过两个层面来实现。

一是培养学生。通过制定清晰的人才培养目标，探索联合学位及应用型人才培养策略、吸引政策分析机构参与合作培养等途径来培养未来的政策研究和咨询人才。学生不仅参与团队合作研究，也作为政策研究人才的后备力量，许多可能会发展成为适应时代需求的未来的公共政策研究者和接班人。

二是培养青年教师研究队伍。高校智库多融合人才培养与咨政建言功能为一体，基础理论与政策实践相结合。发挥知名政策研究专家的作用，通过师徒式传帮接代的方式，通过团队合作的形式由知名的资政专家培养和扶植一批参与资政建言的专业化的青年人才队伍。另外，通过改善大学的科研评价机制，将资政研究成果纳入科研评价，使其资政建言成果在研究型大学范围内得到一定的认可和支持，从而提升成就感，调动青年教师的积极性，发挥他们的创造性，鼓励青年教师积极地参与资政活动，培养资政建言的年轻队伍。

（三）人才流动

鼓励学有专长的研究人员去政府机构挂职。中国许多知名的高校智库对政府决策可以产生重要影响，一些知名学者通过与政府开展长期合作可以建立信赖关系，从而成为政府领导重视的智囊。研究人员去政府部门借调和挂职可以更加深入地了解政府的思维方式、工作形式和解决问题的方法，从而有的放矢地开展政策问题研究，提高研究成果的适用性。

吸纳卸任的政府官员到高校智库担任研究人员。从政府官员的视角和眼光看待科学研究的问题选择和研究思路，启发和带领以学术为主业的大学教师开展政策问题研究，从而提升政策研究与现实政策问题的适切性，使得政策研究更加具有现实针对性和接地气，提升政策研究水平，做出高水平可以直接应用的研究成果，从而更有利于解决现实政策问题，提升高校智库的政策影响力。

建立访问学者制度。借鉴一流高校智库的成功经验，招聘一批学术前沿课题的关键研究人员担任访问学者，促进人才流动。把有思想活力、实践经验、政策研究能力的专业人士吸纳到智库队伍中来。

建立人才信息共享库。依托大学学科研究水平高和科学研究机构数量众多的优势，集聚研究型大学内部多个学科的研究人才和其他学校的相关学科专家，在横向上构建高校智库的研究专家库，采取激励政策鼓励专家参与政策问题辩论，推动信息资源的传播，促进人才在不同的研究机构之间流动。

（四）专业水平

高校智库的专业化建设强调其为了实现功能价值，高校智库组织所需要的基本的专业能力和条件。专业是一个正式的职业；为了从事这一职业，必要的上岗前的训练是以智能为特质，卷入知识和某些扩充的学问，它们不同于纯粹的技能；专业主要供人从事为他人服务而不是从业者单纯的谋生工具，从业者获得经济回报不是衡量职业成功的主要标准。因此，专业首先以一定的知识为基础，为他人服务是专业的重要目标。提升高校智库科学研究的专业化建议从以下三个方面着手：

一是提升专业研究水平。一流高校智库的发展经验证明，选择战略性、前瞻性的重大问题进行超前研究，往往能够产生较高的政策影响力。高校智库研究人员以学科为基础，聚焦某些前瞻性的研究领域，更多聚焦于应用性研究，进行长期的专题研究和系统性的深入研究，应当成为某一个或几个知识领域和研究领域的专家，能够与国内外学术同行竞争和对话，并为国内外同行认可。

二是给予高校智库研究人员一定的自主权。自主权是专业化的一个重要维度，有充足的自主权才可以独立从事感兴趣的研究，提升研究的专业水平。已有研究发现，具有适度科层背景的专业人士最有可能获得发展的自主权，在高科层背景下的专业人士最没有可能获得发展的自主权。在高校智库组织管理层面应该给予研究人员适度的权力，使其能够充分发挥各种优势自主研究和发展。

三是提升知识转化及政策咨询的专业化水平。政策咨询有别于一般的学理性研究，政策咨询以应用为导向，是否了解现实政策的需求，是否真正有益于解决现实问题，是否能够为决策者理解，是政策咨询专家面临的关键问题。智库研究人员在提升自身学科研究专业水平的同时，应当强化对智库研究成果的知识转化机制的习得，学习将研究成果转化为政策制定者或决策者可以轻松理解的，直接应用到复杂的现实问题中去的，简短、可操作、有效解决问题的方案。

三、创新高校智库组织运行机制

（一）以适宜智库发挥作用为前提创新体制与机制

高校智库在物理空间上依附于大学存在，是大学的次级单位，使用大学的办公地点，接受大学行政管理。高校智库发展水平的高低，很大程度上取决于所附属的研究型大学对智库建设是否认同，以及是否采取了适宜智库发挥作用的实质性的保障措施。高校智库具有独特的组织特征和发挥作用的方式，这也必然需要引导研究型大学依据智库的组织特征建立相应的组织管理方式。

高校智库从事现实问题导向的研究很大程度上依赖快速召集跨学科和跨部门的研究团队，这决定了智库需要柔性的、灵活的、适应问题需求的管理方式。大学注重预设好的以学科为基础的科层制管理，形式僵硬缺乏效率，缺少回应性的结合具体问题的柔性管理，不能灵活和及时地提供管理方面的支持和帮助。智库要产生预期的功能价值，会吸纳许多政府工作背景的人员参与研究、根据项目需求雇用兼职和临时性研究人员、聘用较高学术声望和社会影响力的人士担任领导以保持智库的长久发展。这促使大学建立适宜智库发展的人才、项目及财务管理制度。如果大学固守原有的组织管理程序去管理智库，可能将束缚甚至阻碍智库快速回应政策问题需求、思想创新及政策影响力。

加强实体性组织建制为我国高校智库稳定可持续运行提供体制保障。我国高校智库建设处于起步阶段，发展定位及操作举措仍在探索中，当前存在一个普遍性的特征即"小、散、弱"，许多机构的规模比较小，运行比较松散，影响力较微弱，甚至有些机构完全是虚体性的"空壳子"，常态化的实体组织建制面临巨大需求。实体组织表现为实现一个目标通过分工合作形成不同层级的权责关系，形成科学规范的管理体制和运行机制，亦即以政策问题为导向产生高水平研究成果为目标，依据任务需求设立不同部门并招募不同类型的人员。高校智库的实体化运行，具体表现为必须具备保证组织发展的稳定性和可持续性的基础性支撑，如固定的工作场地、规范的组织管理架构、明确的研究领域和研究特色、稳定的资金支持、特定的研究项目和固定的专职人员等。借鉴一流高校智库在组织结构方面的发展经验，我国一流大学建设高校中的研究机构应明确资政建言的目标定位，从管理体制和运行机制等方面加强实体性组织建制。具体而言，建立科学管理的组织架构，譬如实行主任制，由专人组织日常的科研和管理活动，依据研究问题的需求设立不同的研究项目组，依据实践需求设立若干管理部门。我国一流大学建设高校中的智库类似半官方组织，是大学的次级单位，这决定了其多数发展资金甚至是所有的发展资金都可能会来源于政府部门。

（二）营造开放与合作的智库思想市场

智库思想市场是公共政策思想的生产者与信息的需求者之间所进行的思想及产品交换。衡量思想产品的价值不是以价格为标准，而主要是看思想产品的影响力大小。建设一个开放的、多个群体合作和交流互动的思想市场，对高校智库更大程度上发挥政策影响力意义重大。从国家层面对智库及高校智库制定统一的专门性政策，明确高校智库专家咨询制度，消除高校智库组织的行政和政治色彩，保障高校智库研究活动的独立性，对智库思想市场的建设有重要作用。

允许高校智库自由表达。为营造一个公正、自由、宽容的思想市场，营造鼓励创新、自由包容的政治和社会环境，积极倡导"百花齐放、百家争鸣"的学术氛围。鼓励高校智库自由开展学术研究、自由进行学术交流、自由发表创新观点，让智库的观点可以自由表达、充分传播。重点扶植一批具有研究特色的高水平智库率先发展，然后发挥传帮带作用去带动中国智库的整体发展。

推动高校智库向国际化发展。当今世界正在发生深刻复杂变化，全球合作向多层次全方位拓展，高校智库抓住机遇，增强全球意识，提升国际化水平。高校智库的思想产品与国际思想市场接轨，重视课题研究中的全球意识和国际视野，扩大思想产品的国际传播。加大高校智库间的国际交流与合作力度，开展各种长期或短期的国际课题合作，培育一批有国际影响的智库人才。

参考文献

[1] 邹菲菲. 高校行政管理执行力研究［M］. 长春：吉林科学技术出版社，2019.

[2] 廖海青，张海青，常新萍. 高校行政管理人员英语强化学习教材［M］. 广州：中山大学出版社，2019.

[3] 丁兵. 当代高校教育管理研究［M］. 西安：西北工业大学出版社，2019.

[4] 李虔. 民办高校分类管理政策的可接受性研究［M］. 广州：广东高等教育出版社，2019.

[5] 张远康. 新时期高校财务管理问题研究［M］. 天津：天津科学技术出版社，2019.

[6] 魏礼群. 新型智库知与行［M］. 北京：人民出版社，2019.

[7] 谢合明. 高校管理会计理论与应用研究［M］. 北京：中国经济出版社，2019.

[8] 孙小龙，沈红艳，江玲玲. 国际视野下高校学生事务管理发展研究［M］. 北京：中国书籍出版社，2019.

[9] 李兰，郝希超，原平. 高校学生事务管理模式创新与实践［M］. 长春：吉林文史出版社，2019.

[10] 李璞. 新时代高校学生事务管理工作创新研究［M］. 长春：吉林出版集团股份有限公司，2019.

[11] 周丹丹. 新时期高校学生事务管理工作探索［M］. 贵阳：贵州科技出版社，2019.

[12] 杨大鹏，马亚格，罗茗. 高校学生工作管理创新研究［M］. 北京：北京理工大学出版社，2019.

[13] 邵妍，朱朝阳，辛曙杰. 新时期高校教育与行政管理研究［M］. 长春：吉林文史出版社，2020.

[14] 张新培，江育恒. 迈向发展成熟期组织生命周期视角下新型高校智库研究［M］. 徐州：中国矿业大学出版社，2020.

[15] 薛海丽. 首都高端智库建设研究 [M]. 北京：旅游教育出版社，2020.

[16] 吴彧一，王爽，刘红. 高校人事档案管理实务与创新 [M]. 延吉：延边大学出版社，2020.

[17] 李扬. 高校档案管理与信息安全研究 [M]. 北京：北京工业大学出版社，2020.

[18] 叶云霞. 高校人力资源管理与服务研究 [M]. 长春：吉林大学出版社，2020.

[19] 田亚慧，龚海洁，郝彦革. 高校干部人事档案信息化管理研究 [M]. 长春：吉林大学出版社，2021.

[20] 杨波. 论中国高校智库建设 [M]. 贵阳：贵州大学出版社，2021.

[21] 汤红娟. 中国特色新型高校智库发展现状调查 [M]. 北京：中国社会科学出版社，2021.

[22] 邵喜武，王海艳，邵玺文. 高校智库服务乡村振兴的生态系统构建 [M]. 北京：中国农业出版社，2021.

[23] 胡海鹏，康捷，邱丹逸. 我国科技决策智库建设路径研究 [M]. 广州：华南理工大学出版社，2021.

[24] 王灵桂，侯波. 中国特色新型智库 [M]. 北京：中国社会科学出版社，2021.

[25] 陆宝萍. 高校学生公寓管理及文化建设初探 [M]. 北京：北京理工大学出版社，2021.

[26] 李蕾，徐莉. 图书馆管理策略与阅读服务创新研究 [M]. 长春：吉林人民出版社，2021.

[27] 杨锐. 新时代高校学生事务管理理论与实践 [M]. 长春：吉林人民出版社，2021.

[28] 祁素萍. 高校学生管理工作创新与研究 [M]. 长春：吉林人民出版社，2021.

[29] 李晓辉. 高校学生事务管理工作与模式研究 [M]. 天津：天津科学技术出版社，2022.

[30] 黄一鸥. 高校青年学者文库现代高校人力资源管理与服务研究 [M]. 北京：中国华侨出版社，2023.